# 汉语常见修辞格研究

王富超 著

中国原子能出版社
China Atomic Energy Press

## 图书在版编目（CIP）数据

汉语常见修辞格研究 / 王富超著 . -- 北京 : 中国
原子能出版社 , 2022.9

ISBN 978-7-5221-2109-3

Ⅰ . ①汉… Ⅱ . ①王… Ⅲ . ①汉语 – 辞格 – 研究
Ⅳ . ① H15

中国版本图书馆 CIP 数据核字 (2022) 第 162414 号

## 内容简介

本书首先对汉语修辞的特点，汉语修辞与汉民族思维、文化等方面的关系，汉语修辞与汉语语音、词汇、语法、语体等方面的关系进行了概括论述，旨在从宏观的角度对汉语修辞格作一个总体的把握。其次，对汉语常见修辞格进行了详细分析，具体分为九章，共计45个辞格。这45个辞格基本涵盖了汉语中常见的或重要的辞格，因而具有较为重要的应用价值。最后，对汉语辞格的运用方式进行了总结。本书无疑可以作为汉语修辞爱好者、学习者和研究者的参考书。

汉语常见修辞格研究

**出版发行** 中国原子能出版社（北京市海淀区阜成路 43 号　100048）
**责任编辑** 刘　佳
**装帧设计** 阅平方（河北）文化传播有限公司
**责任印刷** 赵　明
**印　　刷** 北京天恒嘉业印刷有限公司
**开　　本** 710mm×1000mm　1/16
**印　　张** 8.5
**字　　数** 162 千字
**版　　次** 2022 年 9 月第 1 版　　2022 年 9 月第 1 次印刷
**书　　号** ISBN 978-7-5221-2109-3
**定　　价** 59.80 元

# 目 录

# 绪　论

## 第一节　修辞概说

### 一、与修辞相关的基本知识

#### （一）何谓修辞

一般而言，"修辞"有两个含义：一是指修辞活动，也就是根据主题和语境使用特定手段，以增强语言表达效果的一种言语活动，如"修辞的正确使用十分重要"中的"修辞"；二是指修辞知识或修辞学，即关于修辞的相关知识或研究修辞的专门学问，如"他是搞修辞的"中的"修辞"。

#### （二）积极修辞和消极修辞

《修辞学发凡》（陈望道，1932）的出版标志着现代修辞学的建立。在这本开山之作中，作者将修辞分为"积极修辞"和"消极修辞"。前者追求语言表达的技巧与美感，即从"辞格"和"辞趣"两方面去提高语言表达的效果；后者只要求语言表达的清楚和明白，即语言表达要达到明确、通顺、平匀和稳密。

通常情况下，我们讲的修辞基本上属于积极修辞，即对语言进行综合的艺术加工，以期达到最佳表达效果的一种语言活动。

#### （三）修辞和语境

语言中有大量的同义表达格式，选用什么样的格式更能达到最佳的表达效果，这与表达格式本身没有必然的关联。那么，什么样的表达格式最好，特定的语言环境往往是检验这些表达格式是否最佳的关键场所。可见，语境是一种言语活动的场所，也是验证修辞使用成功与否的试验田。

"语境"一般可分为"上下文语境"和"情景语境"。所谓"情景语境"，指的是跟修辞关系更为密切的语境因素。构成情景语境的因素有两个：一是主观语境因素，它由身份、职业、思想修养、处境和心情等组成；二是客观语境因素，指的是在语言运用中的时间、地点、场合、听者和读者等因素。

语言的表达除了字面意思外，往往还潜藏着联想意义、意境意义乃至风格意义，这些意义只能靠"此情此境"获得。可见，修辞的运用离不开语境，好的修辞往往要求尽可能做到对语境的"适切"和"得体"。

（四）修辞和语音

修辞活动指的是通过利用语言因素、语言规律来完成的。所以修辞自然与语音中的"谐音""叠音""拟声""双声""叠韵""平仄""押韵""字调""语调""重音""停顿"和"音节"等密切相关。很多修辞格就是利用语音条件进行修辞的，如"双关""对偶""拈连""歇后""摹声""谐音"和"借代"等。

语音在突出语义和增强音律美方面为修辞提供了条件，丰富了修辞方式的内容；修辞则通过积极调动语音因素扩大了语音的功效，二者相辅相成。

（五）修辞和词汇

从词汇的选择、锤炼的角度去研究词语的运用等问题也是修辞的一个重要方面。这种修辞势必从"声音""形体""意义"等方面对词语进行锤炼，也必然用到各类专业用词，如"同义词""反义词""多义词""同音词""褒义词""贬义词"以及"熟语"等。

词汇为修辞方式提供了各种必要的条件，几乎所有的修辞方式都与词汇发生着这样那样的联系。如"双关""反语""仿词""对偶""比喻"等。可见，修辞与词汇的关系也非常密切，这也是修辞学研究的一个重要内容。

（六）修辞和语法

修辞同语法的关系更为紧密，讲修辞必须以合乎语法为基础。只有说得或写得合乎语法，才有调整加工的基础，合乎语法是讲究修辞的先决条件。当然，合乎语法作为修辞的前提只是一般要求，有时为修辞的需要，甚至可以打破语法的限制，创造一些不合乎语法、但具有特殊修辞价值的语句来。

语法和修辞虽然都离不开句子和篇章，但修辞的主要任务是从同义格式中选择更具有表达效果的格式。句子有各种类型，篇章的组织形式也灵活多样，选用什么样的句子类型和篇章结构形式主要由修辞的目的来决定。

语法为修辞提供了可供选择的物质基础，修辞扩大了语法的使用范围和功用。修辞中，利用语法因素造成的辞格比比皆是，如"对偶""对比""错综""排比""顶针""回环"等修辞格。

（七）修辞和语用学

从符号学的角度说，语言学分为语形学、语义学和语用学。其中语用学是研究符号与使用者之间的关系。语用学可分为大语用、中语用和小语用。大语用主要研究语言学的交叉学科，如社会语言学、心理语言学、神经语言学等。中语用主要研究言语行为、会话含义、话语结构、指示、语境、预设、合作原则、礼貌原则等。小语用主要研究与句法有关的语用问题，如话题、焦点、表达重心、语气和口气等。

　　语用学和修辞学都是对语言的运用，这是二者的共性。但二者也有明显区别：第一，研究目的不同。语用学作为语言学的一个分支，重在理论的构建和解释，研究语用主要是为了寻找语言使用的普遍规律。修辞学注重语言的具体使用，着眼点在语言使用的具体技巧和手段方面，研究修辞的目的是提高语言的表达效果。第二，研究方法不同。语用学注重解释和推理分析；而修辞学则主要运用归纳的方法。第三，研究内容不同。语用学主要以言语行为、会话结构、预设、指示、信息结构等为研究内容；而修辞学主要以词语、句子、辞格的交际特色、语体风格等为具体研究内容。第四，研究的要求不同。语用学重在研究话语交际的"编码—输出—传递—接收—解码"的全过程；而修辞学则是语用学里面的一个分支。

### （八）修辞和语体

　　修辞与语体关系密切，不同语体在修辞的运用方面体现出一定的选择性。譬如，语体色彩鲜明的立法语体，在修辞的语用方面特别是在辞格的使用上，具有很强的个性特征。从"积极修辞"和"消极修辞"的角度说，我国现行立法语言作为一种公文语体，它对语言修辞的追求更多地体现在消极修辞方面。也就说，立法语言首先要求表达要清楚和明白，即语言表达要达到明确、通顺、平匀和稳密。因此，立法语言具有明确性、简要性和规格性，这是立法语言最重要、最基本的要求。而对于积极修辞在语言方面所追求的技巧与美感，即从"辞格"和"辞趣"两方面去提高语言表达的效果来说，立法语言却未加重视。从修辞和语境的角度说，立法语言的表达一定要尽可能结合具体语言环境，寻找最佳表达方式。比如近义词语的选择、复杂短语和复杂成分的运用、特殊句式的使用等均与语境有直接的关系。从修辞与语音的关系来讲，立法语言若能做到文从字顺、读起来和听起来都觉得顺畅，这自然对于立法语言的表达很有好处。立法条文属于公文，语言表达力求严谨，字斟句酌均需要从语言的各个要素去把握和提高，语音的因素也应列入参考的范围之内。从修辞与词语的关系来说，这里主要涉及词语锤炼的问题，无疑立法语言更需要进行词语的锤炼。因此，对于立法语言而言，近义词之间的辨析、同义词之间的辨析显得尤为重要。从修辞与语法的关系来讲，复杂短语和复杂成分的运用，同义句式的选择、特殊结构和特殊句式的选择、语篇的设计安排等均需要服从立法语言这种特殊的语体语言的表达需求。以上，从大的方面讨论了立法语言与修辞的关系。若从修辞格的角度讲，立法语言在修辞方式方面有如下特点：一是立法语言很少使用口语句式，而较多运用常式单句、并列复句和文言句式等书面性较强的句式；二是立法语言在具体修辞格的运用上，该类语体很少使用比喻、比拟、夸张、双关、婉曲等主观性较强的修辞格，不过，该类语体有时会选择使用对偶、反复、排比等客观性较强的修辞格；三是立法语言在长期使用的过程中已经形成了一些固定的表达格式，这些格式往往作为立法语体鲜明特点的表征之一。

### （九）中国修辞学的发展

修辞学是一门古老而年轻的学科。在中国，修辞学的研究很早就开始了。《周易》云："修辞立其诚"。《老子》云："信言不美，美言不信。"孔子主张"正名"，提倡"辞达"，反对"质胜文"和"文胜质"，认为"文质彬彬，然后君子"。庄子很重视"寓言""重言"。可见，先秦诸子散文和历史散文都很注意修辞的问题，其中不乏修辞的精辟论述。到了两汉，《诗经》所运用的赋、比、兴曾成为学者们热烈讨论的焦点。魏晋以后，修辞学方面的专著和专论大量出现，如《文心雕龙》《二十四诗品》《文则》《修辞鉴衡》《文章体则》和《艺概·文概》等。

到了近代，特别是"五四"以来，一批新的修辞学著作相继推出。代表性的有马叙伦的《修辞九论》、黎锦熙的《修辞学比兴篇》、王易的《修辞学》、徐梗生的《修辞学教程》、陈介白的《新著修辞学》、金兆梓的《实用国文修辞学》、章衣萍的《修辞学讲话》等。这一阶段的修辞学著作已从文学批评的范围中解脱出来，逐渐形成了一门独立的学科。1932年，陈望道的《修辞学发凡》出版，这本著作被公认为现代修辞学的奠基之作。20世纪50年代，吕叔湘、朱德熙的《语法修辞讲话》开创了语法修辞融为一体进行研究的新方向。20世纪60年代，张弓的《现代汉语修辞学》则是现代汉语修辞学发展史上的又一个里程碑，该书在理论上也有了进一步的创新。

20世纪80年代后，现代汉语修辞学获得了长足的发展。本阶段，重要的著作有王希杰《汉语修辞学》（1983）、李维琦《修辞学》（1986）、宗廷虎《修辞新论》（1988）、倪宝元《汉语修辞新篇章——从名家改笔中学习修辞》（1992）、王希杰《修辞学导论》（2000）、袁晖《二十世纪汉语修辞学》（2000），另外，王希杰（2014）《汉语修辞学》（第三版）也具有重要参考价值。

### （十）西方修辞学的发展

古代希腊非常重视修辞的研究。古代希腊的修辞学一般指的是演说艺术，即主要针对立论和词句进行修饰。伊索克拉底曾著有《修辞术》，不过对后世影响更大的修辞著作是著名哲学家亚里士多德的《修辞学》。中世纪的欧洲十分重视修辞的学习，将修辞学与语法学、逻辑学合称为"三艺"，是文化人所必修的。到了20世纪初，瑞士人巴意出版的《法语修辞学》被誉为现代修辞学的奠基之作。巴意提出要建立以表现手段为研究对象的风格学，大大拓宽了修辞学的视野。20世纪70年代，比利时列日大学建立的"新修辞学"也极大推动了现代修辞学的发展。还需指出，现代语言学中的一些交叉学科，如社会语言学、话语语言学、模糊语言学等学科的出现也促进了修辞学的进一步发展。

### （十一）修辞的功用

古人云："言之无文，行而不远。"这说明好的内容，若没有优美的形式来表达，也不容易流传下来。修辞的作用在当今信息时代尤其突出：（1）对口头和书面交际能力的提高很有裨益；（2）能极大地提高人们的阅读和鉴赏能力；（3）修辞有助于提升语言修养和语言美的水平；（4）修辞对于社会信息交际的畅通无阻十分有益。

## 二、汉语修辞的特点

修辞往往借助语言（包括它的书写符号系统即文字）的特点，同时也受语言特点的制约。汉语在语音、词汇和语法等方面与世界其他语言既有联系又有一定的区别，这里的区别实际上就是所谓汉语的特点。汉语特点的形成与汉民族的思维习惯、认知方式、心理特点、文化传统等密切相关，因此把握汉语的特点及其成因，对于学习汉语修辞及其相关知识至关重要。进一步讲，汉语修辞的特点除了与汉语自身的特点直接相关外，与汉民族的思维习惯、认知方式、心理特点、文化传统等也有很大的关系。

### （一）汉语修辞与词类

实词方面，不同的修辞效果往往借助词类的转变来完成。譬如《孟子》中"老吾老以及人之老"一句，"老"本是形容词，这里第一个"老"当动词用，第二、三个"老"当名词用。这里形容词的"老"转变为"动词"和"名词"后，产生出不同的语境意义，进而产生了不同的修辞效果。这些词类和短语一般是不能带宾语的，但在上述句子中均带上了宾语，产生了特殊的修辞效果。

虚词方面，从语法的角度说，汉语虚词没有实在意思，一般不能直接作句子成分，在句法上只发挥结构性的关联作用。但虚词在具体的语言使用中同样可以产生特殊的修辞效果。譬如现代汉语中的一句话——"你放心，我不会让他逃掉。"和"你放心吧，我不会让他逃掉的！"在这两个句子中，用不用"吧"和"的"表示不同的语气，修辞效果自然有所不同。

以上词类的表达之所以如此之灵活与汉语的特点密切相关。由于汉语实词缺乏形态变化，实词的使用没有了形态的制约，这就使得实词的具体使用变得较为灵活，或者说具有了句法上多功能的特点。如前文所举的"老""铁""温暖"等。再说虚词，因为汉语中的虚词和语序是表达语法关系的主要手段，虚词在汉语句法关系中发挥关键作用，因此虚词的使用与否往往会产生出不同的语义，并产生不同的修辞效果。

（二）汉语修辞与汉字

"析字"是一种极其特殊的修辞格，为汉语言中所独有。陈望道先生给"析字"下的定义为"把所用的字析为形、音、义三方面，看别的字有一面同它相合相连，随即借来代替或即推衍上去的，名叫析字辞"。《红楼梦》中含有大量的诗词曲赋、灯谜酒令、对联歌谣，当然少不了析字的使用。第九十三回有这样的诗句"西贝草斤年纪轻，水月庵里管尼僧。一个男人多少女，窝娼聚赌是陶情。不肖子弟来办事，荣国府内出新闻"，"西"字和"贝"字组成"贾"，"草"字和"斤"字组合成"芹"，这里用析字的修辞来讽刺贾芹的不务正业。曾红遍大江南北的电视剧《还珠格格》中有一则谜语"吃的有，睡的没有；骂的有，打的没有；右边有，左边没有；太后有，皇上没有；小燕子有，紫薇没有"，谜底是"口"字。这里根据汉字形体特点，把两组语义相关的字归并到一起，一组字均有"口"，另一组无"口"。

汉字是记录汉民族语言的书写符号，是人们交际和交往的重要辅助工具。汉字为中华文化繁荣和发展作出了巨大贡献，同时它也成为汉文化不可或缺的一部分。上面的例子就是依据汉字形体的特点，对汉字结构进行离析、拆解、组合、变化来表达意思。这反映出汉字结构灵活独到、不拘一格的特点。中华文字是方块字，形体平整，横平竖直，可以随意拆组，这是任何国家的任何一种文字都不具备的。析字的运用，同时展现了中国人的智慧，中国人积极思维、乐于创新、善于观察的性格，体现了他们诙谐幽默、热爱语言文化的心理。

（三）汉语修辞与对称美

对"对称美"的追求是汉民族传统文化中的重要表现之一，这种审美追求反映在文化的方方面面，比如音乐、绘画、雕塑、建筑、语言等。修辞，特别是书面语言的修辞，同样具有这样的审美追求。无论是在语音方面，还是在词汇和句法方面，"对称美"始终是汉语修辞所努力追求的主要目标之一。

在语音方面，汉语中"双声""叠韵""押韵"等的使用，其实就是利用汉语语音对称所造成的美，来达到某种特殊交际效果的。汉语韵文之所以易读易记，其中一个重要原因就是这类文体语音对称所造成的美感在起关键作用。再如启蒙识字教材、医药的"汤头"歌诀、珠算的"九九"歌诀、打拳练功的拳诀、古代的官府公文和通令等都非常重视语音的对称美。

在词汇方面，词语组合追求双音化，甚至简称和略语也有这样的追求，这种双音化的发展趋势其实就是词语组合追求"对称美"的反映。汉语词汇古代以单音节为主，但随着语言的发展演变，特别是魏晋南北朝之后，汉语词汇出现了所谓"双音化"的趋势。原先单音词让位于双音节词。如"学"—"学习"、"师"—"老师"、"目"—"眼睛"、"石"—"石头"等。不光词汇的发展呈双音化的趋向，即使是新词的产生也主要以双音节为主，如"火箭""卫星""电子""中子""电视""手机""短信""微博""微信"等。甚至一些形式较长的名称或习用的短语在压缩和省略为"简称"或"略语"时往往也采用双音节的格式，如"环境保护"—"环保"、"高等院校"—"高校"、"电影明星"—"影星"、"百花齐放、百家争鸣"—"双百"、"西北、东北、华北"—"三北"等。另外，汉语中有很多四字格的短语，特别是四字格的固定短语和成语，这些短语的组合同样体现出汉语在组构词或短语时追求对称之美的特点。

在句法方面，汉语句式的使用也往往以对称为美。汉语特别注重结构均衡、对称协调，反映在修辞手段上，则形成了对偶、回环等修辞格。如"画栋朝飞南浦云，珠帘暮卷西山雨""日出江花红胜火，春来江水绿如蓝"。在这两组对偶的诗句中，上下两联字数相等，音节数目相同，并且内容相对，平仄协调，读来悦耳，充分体现了汉民族追求对称之美的审美特点。再如回环的修辞"知者弗言，言者弗知""细花梨雪坠，坠雪梨花细"，循环往复，形式别致，对称色彩浓郁。

### （四）汉语修辞与和谐观

从古至今，中华民族怀有一个普遍的民族社会心理，即和谐。所谓"和谐"，就是融洽，是人、自然、社会三者关系的协调统一。儒家文化是我国传统文化的核心，儒家经典中处处体现着"和谐"的民族心理。《周易·说卦》云"和顺于道德而理于义，穷理尽性以至于命"，《礼记·礼运》云"父子笃，兄弟睦，夫妇和，家之肥也"。从战国时代廉颇蔺相如的"将相和"，到唐朝贞观年间的"君臣和睦，团结一心"，再到今天"构建社会主义和谐社会"政治理想的提出，可以说，"和谐"的观念和思维已深深印刻在国人的大脑之中。受这种价值观的影响，汉语修辞中的双声、叠韵、押韵、排比、对偶、对比、回环、顶真等均与汉民族追求"和谐"的心理特点密切相关。

### （五）汉语修辞与地理环境

我国幅员辽阔，历史悠久，自然资源丰富，是一个多民族聚居的国度。广袤的疆域，千变万化的地理条件，对语言的发展和走向、对华夏文明的积淀产生了重大影响。汉语修辞也会因地理环境的复杂多变，呈现出地域特色。

地形地貌的差异，使得修辞具有地域性。例如，在江苏、浙江等南方水乡，河湖交错，小桥流水人家，就有了"船到桥头自然直"这个比喻。而在重庆、四川等山区，山脉绵延起伏，则有"车到山前必有路"的说法，比喻遇到难事不要着急，总会有解决的办法。在黄土高原，辽阔厚重的地貌铸就了西北人勇猛豪爽、坦荡奔放的个性，陕北民歌亦是朴实自然。其中《送大哥》这首歌就运用了顶真的修辞——"我送大哥黄羊坡，黄羊坡上黄羊多。一只黄羊两只角，哪有个妹子送干哥？"

气候条件的不同，使得修辞具有地域性。北方的冬天，寒风刺骨，冰天雪地。因此人们常把冰、雪、霜作为喻体，如"像雪一样洁白""如冰一样坚实"等。而在南方，如广州，没有或很少有冰、雪、霜，自然就少用或不用这些喻体。南方的气候适合种橘，橘则常出现在修辞里。在广西南宁，市民素有过年在家中摆年橘的习俗，这是因为"橘祥如意"谐音"吉祥如意"，摆橘代表了富裕和幸运。

### （六）汉语修辞与社会制度

一个国家的社会制度影响和制约着本民族的语言修辞。时代在发展，科技在进步，一个国家综合国力的增强，人民生活水平的提高、观念的变迁，必然导致社会制度发生变化。而汉语修辞作为语言表达的手段，它的发生和发展也必将受到社会制度的影响和制约。它会随着社会制度的发展而添加新的要素、出现新的形式。

新时期以来，随着物质生活的提高、社会各方面的飞速发展，修辞手法也丰富多彩起来。例如"下海""练摊""铁饭碗"等，就是新时期出现的新词语。"下海"比喻经商、自主做生意，"练摊"比喻摆地摊儿、投资较少的个体商户，"铁饭碗"比喻非常稳固的职位。进入 21 世纪以来，中国与世界的联系和沟通更加紧密，开放的国际环境也深深影响了汉语的修辞。日常生活中出现了诸多外来词汇和网络流行语。如"白领"一词代指在办公室工作、从事脑力劳动、收入较高的人，"打酱油"代指对时事漠不关心的人。

### （七）汉语修辞与风俗民情

各民族都有自己特殊的风情习俗，中华民族亦如此。汉民族的风情习俗是五千年中华文明的沉淀和精髓，从我们的祖辈流传至今，映射着汉文化。这些习俗是在长期的社会实践中积累而成的，影响并制约着汉语修辞。我们联系修辞实例来进一步了解这种影响制约关系。

我们以"玉"为例。"玉"广受中国人尊重和珍爱。许慎《说文解字》中解释："玉，石之美者。"中国人眼里的玉是与众不同的，是美好的、高尚的，它已经超越了本身的范畴而成为中华民族的精神寄托。古代以"玉"为信，用玉刻制的印章——"玉玺"象征着国家的权力、威严和信誉。直至今日，崇玉与爱玉的民族情怀仍根深蒂固，玉文化已发展成为汉民族文化的一朵奇葩。

孔子说玉有仁、智、义、礼等十一德，《礼记》所言"君子无故，玉不去身"，都是警示有社会地位的人没有特殊原因，要玉不离身。受这种风情习俗的影响，汉语修辞里也常以"玉"为意象。如"如花似玉""书中自有颜如玉""遥望十里长亭，减了玉肌"等，都用"玉"来比喻美女。而"玉洁冰清""玉洁松贞"中的"玉"则象征了纯洁天真善良的女子。借代的手法中也通常有"玉"的出现，如"玉泉"代指酒，"玉柄"代指文人等。

## 第二节　语音修辞

语言是形式与内容的完美统一体，形式是语音，内容则是语义。语言要想表达完美，既要求内容要充实，形式也需要尽可能优美。作为语言的形式，语音和表达效果的关系，可以从积极和消极两个方面去理解。从积极的角度说，双声词、叠韵词、联绵词、重叠词在诗歌等韵文中的运用，能使诗歌的节奏和旋律更具有音乐美。如李清照《声声慢》："寻寻觅觅，冷冷清清，凄凄惨惨戚戚，乍暖还寒时候，最难将息。"从消极的角度说，语音是造成歧义和误解的重要原因之一，尤其是在同音现象极其常见的现代汉语里。因此，对于汉语语音要扬长避短，在充分发挥语音积极表达效果的同时，也要力避其表达容易带来的消极方面。

汉语语音在表达的积极方面，主要体现在汉语语音具有很强的音乐性。汉语的音乐性主要表现在声调、音韵、节拍和旋律上，也就是表现在音响的高低快慢、抑扬顿挫、长短舒促等方面。汉语的音乐性与汉语语音的以下特点有关：（1）元音占优势，乐音多，响亮悦耳；（2）四声分明，平仄相配，抑扬有致；（3）有儿化和轻重音变化，柔美动听；（4）音节组合灵活，容易形成音律效果。

## 一、摹声

从修辞的角度说，"摹声"又名"摹音"，是汉语当中的一种传统修辞格。一般而言，"摹声"是以模拟客观世界事物的声音的一种造词方式。"摹声"最早由古希腊斯多噶学派提出。在我国，陈望道先生在《修辞学发凡》中指出："摹声格所用的摹声辞，概只取其声音，不问意义。"如：

（1）关关雎鸠，在河之洲。（《诗经·周南·关雎》）

（2）坎坎伐檀兮，置之河之干兮，河水清且涟漪。（《诗经·魏风·伐檀》）

（3）无边落木萧萧下，不尽长江滚滚来。（杜甫《登高》）

（4）太阳虽还在远方，太阳虽还在远方，海水中早听着晨钟在响；丁当，丁当，丁当。（郭沫若《女神之再生》）

"摹声"的使用，通过创造语言的音乐美，可以引起接受者的强烈感情共鸣。诗歌、说唱文学等经常使用摹声这种修辞格以达到特殊的表达效果。

## 二、音节

音节是汉语语音中能自然感觉到的最小语音单位。汉语音节讲究对称美，因此双音节、四音节比较自足和稳定，而单音节、三音节不自足，具有运动感和变化感。古人写诗文，喜欢用偶句，很讲究对称，如汉赋，这种文风的极致就是南北朝时期的骈体文。现代人写文章，虽然不会去苛求语句的对偶，但音节的配合问题还是应该注意的，音节配合协调，文句就顺，读起来也更舒服些。如：

（5）回味常常妙不可言，所谓精妙处，忍不住击节叫好；伤感处，止不住泪眼婆娑；激愤处，耐不住拍案而起；谐趣处，憋不住哑然失笑。这难道不是回味的一种境界？

例（5）中，划线的四个结构相似的句子成对使用，节奏分外鲜明，读完令人回味无穷。

汉语音节有单音节、双音节，还有多音节，写作时可以根据需要灵活处理，合理安排。音节若配合得当，文章就会增添生气；音节若搭配失调，文章的节奏感和气势感也会大大削弱。如：

（6）原文：他的命就是数学。

改文：他的生命就是数学。（徐迟《哥德巴赫猜想》）

（7）原文：两人手接触着手，眼端详着眼，她就有了全世界。

改文：两人手触着手，眼看着眼，她就有了全世界。（叶圣陶《被忘却的》）

例（6）中，原句中的"命"为单音节，而后面相对的位置上是双音节的"数学"，二者配合失调。改句中将"命"换为"生命"就与后面的"数学"配合协调了，读起来自然上口和入耳。例（7）中，原文的"接触""端详"改为单音节的"触""看"，用词简洁，音节更匀称，读来语感也更好。

## 三、节拍

汉语语音的"节拍"指的是，在语音上所表现出来的"长短、快慢及停顿"等有规律的交替变化。一般表现为"相等的音节或音步"的有规律地交替出现。吕叔湘先生曾指出："不得不承认'2+2'的四音节是现代汉语里的一种重要节奏倾向。"也就是说，由四个音节构成的两个音步，是汉语节拍的基本模式。如：

风华 // 正茂　海阔 // 天空　四面 // 楚歌　精卫 // 填海

汉语语音的这种节拍配置，有时甚至可以打破语义、逻辑、语法等方面的限制。如：

谈 // 何容易　举 // 不胜举　力 // 不从心

身 // 怀绝技　身 // 临其境　身 // 不由己

心 // 怀叵测　心 // 急如焚　心 // 如刀绞

乘 // 人之危　无 // 所适从　无 // 所不为

上述短语，都是按照语义结构将其划分为二。其实，在实际的诵读当中，按照语感，此类短语的正确读法（按照节拍划分）应为：

谈何 // 容易　举不 // 胜举　力不 // 从心

身怀 // 绝技　身临 // 其境　身不 // 由己

心怀 // 叵测　心急 // 如焚　心如 // 刀绞

乘人 // 之危　无所 // 适从　无所 // 不为

最经典的例子要数马致远的《天净沙·秋思》：

枯藤老树昏鸦，小桥流水人家。

古道西风瘦马，夕阳西下，断肠人在天涯。

这首诗，若按照语义结构划分的话，应该这么读：

枯藤 // 老树 // 昏鸦，小桥 // 流水 // 人家。

古道 // 西风 // 瘦马，夕阳 // 西下，断肠人 // 在天涯。

但事实上，按照语感，此首诗的最后一句，一般都读成了：断肠 // 人在 // 天涯。这样去读，虽然割裂了语义上的连贯性，但从音感上来说，读起来更为上口和入耳，所以有的学生这么读也不能硬要说是读错了。

在汉语当中，说到"节拍"的问题，不能不提诗歌，因为诗歌尤其重视节拍。如（李季《王贵和李香香》）

（原句）香香 // 又羞 // 又气 // 又害怕，低着 // 头来 // 不说话。

（改句）又羞 // 又气 // 又害怕，低着 // 头来 // 不说话。

原句，"香香 // 又羞 // 又气 // 又害怕"是四拍，"低着 // 头来 // 不说话"是三拍，两句节拍不均衡。改句，"又羞 // 又气 // 又害怕"和"低着 // 头来 // 不说话"均为三拍，两句配合匀称，增加了节奏感，读起来也更加上口。

相对来说，现代诗歌比起古诗对节拍等格律方面的限制要少得多。但即便如此，现代诗歌，甚至一切现代汉语的表达，均需注意节拍的问题，这是汉语语音的一大特点。

节拍不光是节奏韵律的问题，它有时与语义的表达关系密切，尤其是节拍与歧义的问题，更应引起我们的注意。如：

（8）漂亮的女生和聪明的男生。

（9）穿裙子的漂亮的女生和穿西装的聪明的男生。

（10）穿裙子的漂亮的爱笑的女生和聪明的穿西装的好玩的男生。

以上三例，由于"和"的两边保持着均衡，所以不会产生歧义和误解。但是，若变为：

（11）长发的女生和男生。

（12）长发的聪明的瓜子脸的女生和男生。

（13）穿西装的长发的好激动的女生和男生。

例（11），有歧义，即可理解为女生和男生都是长发，还可理解为长发的女生和男生。同理例（12）（13）也有歧义。以上例句之所以有歧义主要因为"和"的两边不对称，因而就会造成歧义和误解。

## 四、衬词

所谓"衬词"，指的是在民歌的歌词中，除直接表现歌曲思想内容的正词外，为完整表现歌曲而穿插的一些由语气词、形声词、谐音词或称谓构成的衬托性词语。衬词大都与正词没有直接关联，不在正词所构成的基本句式之内，甚至很多是无意义的词语，但一经和正词配曲歌唱，成为一首完整的歌曲时，衬词就表现出鲜明的情感，成为整个歌曲不可分割的有机组成部分。

衬词对音乐来说，通常兼有表情和结构两方面的功能。在我国传统民歌中，常用衬词丰富音乐形象，加深感情的表现。有些衬词用在句子内部作垫字或作落尾字，以加强节奏，加强语气，使音乐形象生动、有趣。在表现劳动气氛的歌曲中，衬词的节奏一般较为短促，常作为两个乐句中的间隔。有些衬词和特定的景物联系在一起，通过衬词，发挥丰富的想象力，能深化主题。有些衬词和动物鸣叫声联系在一起，这在儿童歌曲中更为多见。此外，衬词有时还直接影响歌曲的结构，往往成为判断歌曲结构的一种标记。常用的衬词有：啊、哎、吧、哪、噢、啦、唻、嗨、啰、咪、咿、呀、嘿、哩、嗬、哟、呵、唉、咳、喂哈、咧、咚、嗯等。

"词"是声音与意义的结合体。但"衬词"是一种只有声音，没有意义的词语。除民歌等歌曲之外，衬词在词、曲、曲艺和民间歌谣中也经常使用。如：

（14）江南岸，柳枝；江北岸，柳枝；折送行人无尽时，柳枝。酒一杯，柳枝；泪双垂，柳枝；君到长安百事违，几时归？柳枝。（朱敦儒《柳枝》）

（15）方呀方志敏呀！机智勇敢赛神仙。（江西民歌《赛神仙》）

例（14）（15）中的"柳枝"和"呀"就是其中的"衬词"，前者是称谓词，后者是语气词。

## 五、韵脚

所谓"韵脚"，指的是韵文（诗、词、歌、赋等）句末押韵的字。一篇（首）韵文的一些（或全部）句子的最后一个字，采用韵腹和韵尾相同的字，这就叫做押韵。因为押韵的字一般都放在一句的最尾，故称"韵脚"。

韵脚最广泛应于文学作品中，诗歌尤甚，使行文变得赋有节奏和音乐之美，现代韵脚诗更是将韵脚这一特征发挥得淋漓尽致。韵脚是韵文句末押韵的字。律诗里的韵脚，有很多讲究。最为重要的是，律诗里的韵脚一般情况下用平声韵，当然也有用仄韵的，只是这种用法甚少，因而被人们逐渐搁置起来了。所以，在古代，一般人写律诗，如果用了仄声韵脚，就会被认为不合韵律，甚至认为不会写诗。

韵又叫做韵母。韵母分为韵首、韵腹、韵尾三部分。对于押韵而言，一般只要韵尾相同，韵腹相同或者相近即可，而对于韵首则不作要求。律诗里的韵和现代普通话里以及新华字典里的韵不尽相同，有些字，看着读音相同，韵母也一样，但却不属于同一个韵部；而有些字，看着读音有差异，去《声韵简编》里一查，却属于同一个韵部。所以，写律诗的时候，应该先掌握一些简单的声韵知识。写律诗，南方人学起来，可能要比北方人容易些，因为在如今的吴、闽、粤一带，某些方言中还保留着一些古音，而这些古音在《声韵简编》中，很多就属于同一韵部。

关于押韵，比较标准的说法是，就是有规则地交替使用韵母相同或相近的音节，利用相同或相近的声音有规则地回环往复。如：

（16）有一句话说出来就是祸（huo），有一句话能点着火（huo）。别看五千年没有说破（po），你猜得透火山的缄默（mo）？说不定是突然着了魔（mo），突然青天里一个霹雳，爆一声：咱们的中国（guo）。（闻一多《一句话》）

以是否押韵，文章分为韵文和散文。韵文中诗歌最具代表性，当然诗歌也不一定全押韵，现代诗歌就有不押韵的。现代诗歌，最常见的是四行为一节，第一、二、四行押韵，或者第二、四行押韵。如：

（17）清香在树上飘扬（yang），琴弦在树下铿锵（qiang），忽然间一阵狂风，不见了弹琴的姑娘（niang）。（郭沫若《春莺曲》）

如果四行中，第一、三行押一个韵，第二、四行押另一个韵，这就叫做"交韵"，也叫"间韵"。如：

（18）总得叫大车装个够（gou），它横竖不说一句话（hua），背上的压力往肉里扣（kou），它把头沉重地垂下（xia）。（臧克家《老马》）

若第一、四句押一个韵，而第二、三句押另一个韵，就叫做"抱韵"。如：

（19）秋天高了，你也跟着长高（gao），你的双乳隆起在胸上（shang），你像入秋更明亮的月亮（liang），但已无春天雾里的娇娆（rao）。（朱湘《王娇》）

也有第一、二句押一个韵，第三、四句押另一个韵的。如：

（20）看微雨飘落在你披散的鬓边（bian），像小珠散落在青色的海带草间（jian），或者死鱼浮在碧海的波浪上（shang），闪出万点神秘又凄切的幽光（guang）。（戴望舒《十四行》）

需要指出，超过四行的长诗，如果逢双句押韵，就叫"偶韵"，若逢单句押韵，就叫"奇韵"。若句句押韵，一韵到底，就叫"批韵"或"句句韵"。若以两句（或四句）为一个单位，押同一个韵，每组换韵，叫"随韵"。当然，有些时候甚至是多种押韵的方式错综交替运用，这类情况更需注意。

## 六、平仄

所谓"平仄"，是中国诗词中用字的声调。"平"指平直，"仄"指曲折。

从《切韵》《广韵》等韵书来看，中古汉语有四种声调，称为平、上、去、入。除了平声，其余三种声调有高低的变化，故统称为仄声。

诗词中平仄的运用有一定格式，称为"格律"。平声和仄声，指的是由平仄构成的诗文的韵律。平仄是四声二元化的尝试。四声是古代汉语的四种声调。所谓声调，指语音的高低、升降、长短。平仄是在四声基础上，用不完全归纳法归纳出来的，平指平直，仄指曲折。上声，去声，入声为仄，剩下了的是平声。普通话入声消失，入声归入仄声中的上去两声和平声中的阴平、阳平，这导致用普通话判别诗词平仄会有错误。

诗词的意境可以给人美感，可以取悦于读者，或可以传情达意，给人启发。于是有人想到为何不让诗词的声音也能给人美感，读起来抑扬顿挫、朗朗上口，平仄之说就此诞生。

随着平仄之说的刻意发展，到后来在一定程度上反而制约了诗词气势和意境的发挥和拓展，成了诗人的蹩脚鞋或包袱，大大地误入歧途、有违初衷。特别是平仄之说因时而异、因地而异、因人而异，众说纷纭，难以统一、难以规范，让学习的人无所适从，学会的人无法运用，这是对诗词文学的自我封闭，对诗词文化的传承与弘扬极其不利。

诗词的最终目的是走进大众、服务大众，我们不能因为传统的不完善的平仄之说而拒人千里，让人觉得高不可攀、望而生畏。诗词只是文体的一种，应该走进课堂、走进课本、走进考场，让教师、学生乃至社会民众都喜闻乐见、共同参与。李白、王维、苏东坡、辛弃疾等都曾有过不同程度的出律，所以现代人无论是创作或评判诗词的好坏，都不应过于拘泥于诗词格律、平仄之说，当以诗词的意境为重、气势为重。至于诗词的音调只要读起来顺口即可。

平仄是汉语音乐美的重要手段之一。如：

（21）横眉冷对千夫指，俯首甘为孺子牛。（平平仄仄平平仄，仄仄平平仄平）（鲁迅《自嘲》）

由于平仄调配得当，和谐悦耳，抑扬顿挫，因而具有很好的音乐美的效果，也便于记诵。诗歌中古体诗尤其注重平仄的要求。五言律诗和七言律诗等都有严格的平仄格式规定，这也是古体律诗区别于现代诗歌的一个显著特征。因此，学习古代律诗尤其应该注意平仄格律的学习和记诵，通过反复记诵一些经典名篇的格律规定，可以更加牢固地掌握这方面的知识。

# 第三节　词汇修辞

## 一、词语附加意义的偏离

词汇的意义可分为理性意义和附加意义。理性意义是词义中同表达概念有关的意义部分，理性意义又叫概念意义、主要意义。如"花"的理性意义是可供观赏的种子植物的有性繁殖器官，有各种形状和颜色。词典中对词目的解释，主要就是针对理性意义的，如《现代汉语词典》词条的释义。

理性意义是词义的主要部分，除此之外，词义还有附着在理性意义之上的附加意义，它主要表达人或环境所赋予的特定感受。附加意义也叫色彩意义。

词语的附加意义也是修辞学研究中的一个重要课题。词语的附加意义多种多样，每一种附加意义都是词语运用中所不能忽视的。一旦用错了，就会损害交际的效果，出现交际的障碍。这种词语附加意义使用错误的现象，就叫"词语附加意义的偏离"。修辞学的主要任务之一就是纠正这种负偏离现象，或者叫正偏离化。倪宝元在《修辞学的新篇章——从名家改笔中学习修辞》中举了一些经典的例子。如：

（1）……侵略者得寸进尺，气势越来越高。（巴金《谈春》）

这里的"气势"为褒义词，应该改为具有贬义色彩的"气焰"更为妥当。

（2）敌人是相当狠毒，顽强的，要打他就不要教他有还手的机会。（吴伯箫《打箓子》）

这里的"顽强"为褒义词，应该改为具有贬义色彩的"冥顽"更为合理。

（3）他二十年没摸过公事，说不上劣迹，于是自然而然联想到对方唯一特长：造谣。（沙汀《炮手》）

这里的"唯一特长"具有褒义色彩，应该改为具有贬义色彩的"惯于使用的伎俩"更为恰当。

（4）我们就是不谈太广泛的事物，单谈文学艺术，那句话也很能揭发真理的。（秦牧《慧能和尚的偈语》）

这里的"揭发"一般用于揭露不好的方面，而"真理"是好的事物，应该用"揭示"。

（5）鲁贵！你看你，告诉你真话，叫你聪明点，你反而生气了。唉，你

呀！（《雷雨》）

这里的"反而"具有书面语色彩，因而用于剧本这样的口语性强的文体中自然不合适，因而改句中用"倒"替换了原句中的"反而"，不仅对白通俗、浅显、顺畅了，也更符合说话人的身份、教养和经历。

词语的附加意义虽然有多种，但最主要的有三类：一是感情色彩意义；二是语体色彩意义；三是形象色彩意义。感情色彩意义有两种：一种是整个社会集团所共同具有的、相对稳定的，不属于个人的。如褒贬义，"坚强（褒义）、顽强（中性）、顽固（贬义）"。另一种感情意义是，词语在语言系统中本没有特定的感情意义，但是表达者在特定的上下文中，借助于交际情景的帮助，临时性地赋予它某种感情意义。如在恋人之间使用的"大坏蛋！""坏死了！""讨厌！""恨你！"等。语体色彩意义主要表现为书面语色彩、口语色彩等，如"父亲"一词就是一个书面语色彩较浓的词语，而"爸爸"则是口语词语。因此，要根据不同的语体需求选用尽可能适切语境的词语。形象色彩意义，是指作文像画画着色一样，往往会给人以丰富的联想和感受，产生如临其境的感觉。如"李白桃红杨柳绿，豆青麦碧菜花黄。""春风又绿江南岸，明月何时照我还。"以上两个句子恰当地使用色彩词语，十足地显示出了色彩意义在语言表达方面的独特魅力。

## 二、多义词语和话语多义

有两个或两个以上意义的词叫多义词。多义词是一词多义，几个意义之间往往有联系。多义词与"单义词"相对。多义词是具有几个彼此不同而又相互关联的意义的词，这些意义是同属一个本义（基本意义）的转义，即引申、派生或衍生意义。人们在社会生产发展中要反映日趋复杂的客观现象，就不可避免地要用原有的词来表示相关的其他事物（"旧瓶装新酒"），使新旧词义并存。

多义词大多是一些和生活关系最密切的常用词，以动词与形容词居多，以单音词居多。多义词在使用时，在一定的上下文中一般只表示其中的一个意义，这是语境对多义词过滤（消除歧义）的结果。多义词在比拟、比喻、借代等修辞中常有使用，因其"多义"的特点，可以收到一箭双雕甚至"一箭多雕"的表达效果。

需要指出，同音词与多义词有明显的区别，同音词之间意义没有关联，而多义词之间意义一定有所关联。如表示颜色的"白"（白的花）和表示徒劳的"白"（白费力）就是两个同音词。

有的词有几个互相联系的意义，是多义词。多义词的几个意义中，有的是最初的或常用的意义，叫基本义；有的是从基本义引申出来的意义，叫引申义；有的是通过用基本义比喻另外的事物而固定下来的意义，叫比喻义。在使用时，在一定的语境（上下文）中一般只表示其中的一个意义（语境可以使词义单一化）。如：

单音词："海"，基本义——大洋靠近陆地的部分。如"大海、东海"。有的大湖也叫"海"，如"黑海"。引申义——大的，如"你真是海量！"。比喻义——比喻连成一大片的很多同类事物。如"人海茫茫，你让我到哪里去找他？""这里已是一片火海。"

双音词："算账"，基本义——计算账目。如"你别打扰他，他正在算账呢。"引申义——吃亏或失败后与人较量，如"好了，这回算你赢，下回我再跟你算账！""包袱"，基本义——用布包起来的包儿。如"把你的包袱拿好。"比喻义——比喻某种负担。如"你不要有思想包袱。""黄色"，基本义——黄的颜色。如"她穿着黄色的上衣。"引申义——象征腐化堕落，特指色情。如"不要看黄色录像。""水分"，基本义——物体内所含的水。如"植物是靠它的根从土壤中吸收水分。"比喻义——比喻某一情况中夹杂的不真实的成分。如"他说的话里有很大的水分。"

多音词："开小差"，基本义——军人私自脱离队伍逃跑。如"他当兵没多久就开小差了。"比喻义——比喻思想不集中。如"用心听讲，思想就不会开小差。"

多义词在区分时需要注意以下原则：经济性原则。大量的多义词满足了语言的经济性原则——以有限的词反映无限的客观事物，但是也给我们理解和使用语言造成了一定的困难。下边举三个例子，试着根据上下文。推断一下加点的多义词的含义。如：

（6）千丈，不是很高吗？可还不足以形容海的深。这课书很深，不太容易理解。这块布颜色太深，做夏天衣服不合适。

（7）他已经走远了，赶不上了。牲口赶到外边去。他在百忙之中赶写了这篇文章。

（8）凳子不结实了，拿个钉子钉一钉吧。办点事真不容易，到处碰钉子。

学习多义词，要了解它有哪些意义，不同的意义经常和哪些词相搭配，阅读时，可以根据上下文来推断用的是哪个意义；写作时，要注意所用的多义词是否准确地表达了自己意图。

多义词往往与修辞手法，如"比喻、借代、双关"等结合；有时也和病句，如"表意不明"等结合；有时也和同义词结合在一起。辨析多义词，应从以下几方面入手：

（一）从多音现象辨析。如：

（9）他这个人不难求，太好说话了。

（10）他这个人太好说大话了。

例（1）中的"好"读上声，是"易于、便于"的意思。例（2）中的"好"读去声，是"喜欢、爱好"的意思。

（二）从词义上辨析。如：

（11）山上到处是盛开的杜鹃。

（12）树林里传来了杜鹃的叫声。

例（11）中的"杜鹃"指的是"杜鹃花"，而例（12）中的"杜鹃"指的是"杜鹃鸟"。

（三）从词性上辨析。如：

（13）他作为学生代表参加了大会。

（14）他是代表小李来参加大会的。

例（13）中的"代表"是名词，例（14）中的"代表"是动词。

（四）从语境上辨析。如：

（15）把电视关上，我们要学习文件。

（16）大家注意，下午要拿学习文件来。

例（15）中的"学习文件"是指从事的某项活动；例（16）中的"学习文件"，则是要拿的东西，而不是进行的活动。

（五）从对象与搭配上辨析。如：

（17）我们要学先进，赶先进。

（18）他正在赶苍蝇。

（19）他在百忙之中赶写了这篇文章。

例（17）中的"赶"与"先进（人）"搭配，是"追"的意思；例（18）中的"赶"与"苍蝇（昆虫）"搭配，是"驱逐"的意思；例（19）中的"赶"与"文章（涉及的任务）"搭配，是"加快行动，使不误时间"的意思。

总之，多义词虽然是多义的，但在具体的话语交际当中词语的意义往往是单义的，这就需要表达者从多义词语的众多含义中选择自己所需要的意义，同时排除其他的意义。从另一个角度说，交际活动总是在特定的环境中进行的，所以通常情况下多义词语并没有给交际活动带来许多障碍。因此，不必，也不应夸大多义词在交际活动中的负面作用。同时应看到多义词语在交际活动中还具有正面的、积极的作用。不但给交际双方留有一定的活动空间，还可以构成双关等有利于提高表达效果的修辞格式。

多义词语在话语中大都不是多义的，而语言中所谓的单义词语在话语中也可能是多义的。这是因为词语在话语中，在交际活动中的含义，并不等于它的语言意义，上下文和交际情景可以赋予话语中的词语以新的意思。如"千里马"是一个单义词语。在韩愈的笔下，"世有伯乐然后有千里马"和"千里马常有而伯乐不常有"两句中，两个"千里马"其实指的不是一种马，如果这两个"千里马"一致的话，那么在逻辑上就有了矛盾。可见，多义词语是造成话语多义的一个原因，但不是唯一原因，有时单义词语也是造成话语多义的重要原因。

在日常的话语表达中，有时表达者故意利用单义词语的话语多义来造成"同词多义"的效果。如"不是办法的办法""不是厂长的厂长""不是语法的语法"中的两个"办法""厂长""语法"的含义并不一致。

### 三、模糊词语和模糊话语

谈到模糊词语，就得先介绍一下模糊理论的发展。模糊理论（Fuzzy Logic）是在美国加州大学伯克利分校 L.A.zadeh 教授于 1965 年创立的模糊集合理论的数学基础上发展起来的，主要包括模糊集合理论、模糊逻辑、模糊推理和模糊控制等方面的内容。早在 20 世纪 20 年代，著名的哲学家和数学家 B.Russell 就写出了有关"含糊性"的论文。他认为所有的自然语言均是模糊的，比如"红的"和"老的"等概念没有明确的内涵和外延，因而是不明确的和模糊的。可是，在特定的环境中，人们用这些概念来描述某个具体对象时却又能心领神会，很少引起误解和歧义。美国加州大学的 L.A.Zadeh 教授在 1965 年发表了著名的论文，文中首次提出表达事物模糊性的重要概念：隶属函数，从而突破了 19 世纪末康托尔的经典集合理论，奠定模糊理论的基础。1966 年，P.N.Marinos 发表模糊逻辑的研究报告，1974 年 L.A.Zadeh 发表模糊推理的研究报告，从此，模糊理论成了一个热门的课题。

词义有精确性和模糊性。有些词是表义明确、准确的，如"氧化铁""氯化钠""声母""声调""骆驼""咖啡"等。但有些词语表义却很模糊，如"中午"同"上午""下午"之间就没有了截然界限。词语的模糊性指的是词义的界限具有不确定性，它源于词所指事物本身的边界不清。词语的模糊性是客观事物连续性的反映。事物的核心部分一般来说还是比较明确的，但它与邻近事物的差异是逐步扩大的，中间有一个连续过度的阶段。如时间是一分一秒地走过去的，期间并没有中午与下午之间的绝对界限或边界。

模糊词语、词语的模糊性与话语的模糊性、模糊话语是不同的概念。因上下文和交际情景的制约，本来模糊的词语和词语的模糊意义在特定的话语中可能是明白的、准确的，当然也有可能构成模糊话语。模糊的话语具有双重性，如果运用不当，就可能损害交际的效果，但是运用得当，却能够提高交际的效果。修辞学的一个任务就是避免模糊话语的消极后果，利用模糊话语来达到积极的表达效果。

从语体的角度说，日常交际中需要模糊词语，它们有时甚至是语言表达准确的需要。文艺语体较多使用模糊词语，并善于利用模糊词语和词语的模糊性达到最佳的审美效果。模糊词语即使是在追求客观的语体中也广泛使用，如法律语体、公文语体、科技语体等。

### 四、词语的超常运用

在日常的交际当中，为了表达的需要，有时人们故意临时、有条件地改变词语的结构、意义和用法。如"孝子"本来是偏正结构，是"孝顺的子女"的意思。但是在以下语境中，"孝子"的含义就变了。如"你福气太好了，做爷娘的是孝子孝到底了。"这个句子是徐志摩母亲曾经讲给志摩的，"孝子"是"父母孝顺子女"的意思。

词语的超常使用能从三个方面展开，即结构、意义及组合搭配。词语的使用原本要求保证其结构完整。然而，为了特殊的语用目的，有时就可以看到故意打乱词语固定结构的行为。如人们故意不说"原来如此"，却说成是"原来如比"。在结构超常方面，有时为了表达的需要，往往故意打乱词语的固定结构，破坏词语形式上的完整性。这就是所谓的"拆词"。如闻一多《红烛》中的一句"红烛啊！你流一滴泪，灰一分心。灰心流泪你的果，创造光明你的因。"

意义超常，就是临时地、有条件地转移或改变词语本来的理性意义或附加意义。如日常生活中，一句"好！给你一个烧饼！"伴随着表情、手势，这"烧饼"就是一个巴掌了。再如"小儿科"表示"小型""小气"的意思，"土耳其"表示"土气"的意思等。

搭配超常，包括语义搭配超常和结构搭配超常两类。语义搭配超常，如"无声的语言。绿色的希望。金色的童年。玫瑰色的梦。"再如鲁迅《读几本书》中有这样的句子："在中国文坛上，有几个国货文人的寿命也真太长；而洋货文人的可也真太短，姓名刚刚记熟，据说是已经过去了。"结构搭配超常的，如：

（20）蜜蜂是在酿蜜，也是酿造生活。（杨朔《荔枝蜜》）

（21）一位先生，两位太太，南腔北调地生了不知多少孩子。（老舍《骆驼祥子》）

以上例子中，有些词语之间在搭配上不符合语法，但却收到了独特的艺术表达效果。

词语的常规搭配要求在语体、风格、色彩等方面都达到和谐完美的境界。不同语体、不同风格、不同色彩的词语生硬地拼凑在一起，不伦不类，必然破坏交际的效果。但是，事物往往具有两面性，在某些特定的交际场合，为了达到某种特殊的交际效果，往往故意将一些本来彼此不和谐的词语嫁接到一起，这样做恰恰能达到最佳的表达效果，给人以真实感和亲切感，更加具有生活气息，也更能接"地气"。

# 第四节　语法修辞

## 一、长句与短句

所谓"长句"，是指所用的词语多、结构复杂、形式较长的句子。譬如公文事务语体、科技语体、政论语体一般多用长句。如：

（1）被判处有期徒刑的犯罪分子，执行原判刑期二分之一以上，被判处无期徒刑的犯罪分子，实行执行十三年以上，如果认真遵守监视，接受教育改造，确有悔改表现，没有再犯罪的危险，可以假释。如果有特殊情况，经最高人民法院核准，可以不受上述执行刑期的限制。对累犯以及故意杀人、强奸、抢劫、绑架、放火、爆炸、投放危险物质或者有组织的暴力性犯罪被判处十年以上有期徒刑、无期徒刑的犯罪分子，不得假释。对犯罪分子决定假释时，应当考虑其假释后对所居住社区的影响。（《刑法》总则第四章第八十一条）

（2）哥白尼推翻了亚里士多德以来从未动摇过的地球是宇宙中心、日月星辰都绕地球转动的学说，从而在实质上粉碎了上帝创造人类、又为人类创造万物的那种荒谬的宇宙观。（竺可桢《哥白尼》）

长句的修辞功能是丰满细腻、严肃庄重，具有较强的书面语色彩。

短句是指词语少、结构简单、形体较短的句子。日常交际语体、文艺语体一般较多使用短句。如：

（3）朴：你是新来的下人？

鲁：不是的，我找我的女儿来的。

朴：你的女儿？

鲁：四凤是我的女儿。

朴：那你走错屋子了。

鲁：哦。——老爷没有事了？

朴：（指窗）窗户谁叫打开的？

鲁：哦。（很自然地走到窗户，关上窗户，慢慢地走向中门。）（曹禺《雷雨》）

（4）四嫂：甭提他！他回来，我要不跟他拼命，我改姓！

疯子：（在屋里，数来宝）叫四嫂，别去拼，一日夫妻百日恩！

娘子：（把隔夜的窝头蒸上）你给我起来，屋里精湿的，躺什么劲儿！

疯子：叫我起，我就起，尊声娘子别生气！

小妞：疯大爷，快起呀，跟我玩！

四嫂：你敢去玩！快快倒水去，弄完了我好做活！晌午的饭还没辙哪！

疯子：（穿破夏布大衫，手持芭蕉扇，一劲地扇，似欲赶走臭味；出来，向大家点头）王大妈！娘子！列位大姨！姑娘们！

小妞：（仍不肯去倒水）大爷！唱！唱！我给你打家伙！（老舍《龙须沟》）

以上话剧剧本所用的大多为短句，短句的修辞功能是简洁明快、干脆有力、活泼自然、具有较强的口语色彩。

长句和短句是相对而言的，一般而言长句的结构形式有四种情况：一是修饰语较多；二是联合成分较多；三是某一成分结构复杂；四是结构层次较多。短句的结构形式与长句正好相反。请比较下面两例：

（5）他是（一个）（身体健康、学习刻苦、工作积极并且立志为四化奋斗终生）的（三好）学生。（长单句）

（6）他是个三好学生。他身体健康，学习刻苦，工作积极，立志为四化奋斗终生。（两个短句）

例（5）之所以长，是由于修饰语复杂而造成；而例（6）则是由一个单句和一个复句组成的句群，内部结构简单，修饰成分少。

短句成分简单而且关系明显，有语病容易发现并改正；长句往往修饰成分复杂，多层关系容易交织在一起，稍不留意就会顾此失彼。如：

原句：（7）那几年，文艺园地里呈现出一派万紫千红的景象，各种题材的作品不断涌现，有描写工业改革的《乔厂长上任记》，农民生活的《创业史》，部队生活的《青春》，学校生活的《班主任》，儿童剧《报童之歌》，纪录片《新的长征》，革命历史剧《万水千山》《八一风暴》等。

改句：（8）那几年，文艺园地里呈现出一派万紫千红的景象，各种题材的作品不断涌现，有描写工业改革的《乔厂长上任记》，有描写农民生活的《创业史》，有描写部队生活的《青春》，有描写学校生活的《班主任》，此外，还有儿童剧《报童之歌》，纪录片《新的长征》，革命历史剧《万水千山》《八一风暴》等。

原句是一个由三个分句构成的复句，结构较为复杂，最后一个分句是典型的复杂长句。改句则将原先的三个分句化为六个分句，主要将原先最后一个复杂分句予以简化，即采用了变长句为短句的方法。

一般而言，长句化短句的方法多样，最常见的有两种：一是把长句的附加成分抽出来，变为复句里的分句；或者单独成句（可以是单句，也可以是复句）如：

原句：（9）本着可开可不开的会议不开，可缓开的会议缓开，必须开的会议作好准备，缩短会议时间，能下去开的会议就下去开的精神，第一季度就减少了四次全县性的会议，需要召开的会议也缩短了召开时间。

改句：（10）可开可不开的会议不开，可缓开的会议缓开，必须开的会议作好准备，缩短会议时间，能下去开的会议就下去开，本着这样的精神，第一季度就减少了四次全县性的会议，需要召开的会议也缩短了召开时间。

原句中，由于中心语"精神"带了一个由四个主谓短语构成的联合短语充当的长定语，使介词"本着"与"精神"的距离拉大，从而造成整个复句的冗长、拖沓。改句将四个主谓短语单列为分句，这样就使句子显得紧凑，而且能给人以明快、简洁、干净利索的感觉。

长句化短句还有一种方法是，把复杂的联合短语拆开，重复跟联合短语直接相配的成分，形成排比并列句式。如：

原句：（11）这出戏一开始就给观众展现了草原上欣欣向荣的大好风光和牧民群众为开辟草原牧场，架设桥梁而战斗的动人场面。

改句：（12）这出戏一开始就给观众展现了草原上欣欣向荣的大好风光，展现了牧民群众为开辟草原牧场、架设桥梁而战斗的动人场面。

原句两个复杂的联合短语一起作了"展现了"的宾语，由于该宾语较长，因而读起来费力、也显得拖沓、不精炼。改句将两个复杂的联合短语化为两个分句，使得宾语长度变短，读起来更加顺畅、自然。

以上只是介绍了长句化短句的问题，主要突出强调了短句相对长句的优势。其实，长句和短句各有特点，各有优势。比如，科技语体、政论语体等就需要长句才能完成一定的交际任务，而对于文艺语体等口语性较强的语体则更青睐于短句。因此，正确对待长句和短句的态度应该是，因地制宜，该长则长、该短则短。

## 二、整句与散句

整句是指由长度和结构相近的若干句子组成的言语单位，散句是指由长短不齐、结构相异的若干句子组成的言语单位。整句和散句在修辞的功能上各有千秋。整句结构整齐，形式对称，声音和谐，语气畅达，具有整齐优美的特点，能给人以气势之美，和谐之美。整句在唱词、诗歌等韵文中多有体现，在其他文体中也经常出现，主要起突出强调的作用。如：

（13）走生路，生而出新；走险路，险而出奇；走难路，难而不俗。（徐刚《黄山拾美》）

（14）我们分担寒潮、风雷、霹雳；我们共享雾霭、流岚、虹霓。（舒婷《致橡树》）

（15）谁家办喜事，他登门祝贺。谁家遭不幸，他安慰周济。谁家屋漏，逢到雨季他必去检查。谁家有病人，他都去探视。（管桦《挂甲屯的爱和恨》）

相对整句而言，散句长短交错，结构多样。它既无须追求形式的整齐划一，也无须讲究语义的平行对称，舒卷自如，无拘无束，除了可以避免单调、板滞的流弊，而且往往能够给人以自然、灵动、富有生气之感。如：

（16）不过，瞿塘峡中，激流澎湃，涛如雷鸣，江面形成无数漩涡，船从漩涡中冲过，只听得一片哗啦啦的水声。过了八公里的瞿塘峡，乌沉沉的云雾，突然隐去。峡顶上一道蓝天，浮着几小片金色浮云，一注阳光像闪电样落在左边峭壁上。（刘白羽《长江三日》）

（17）在一个炎热的夏天中午，地头树荫下坐着一群歇晌的人，忽然从大路上老远走过来一个人，大伙挺纳闷：是谁呢，顶着这么毒的日头赶路？（柯岩《追赶太阳的人》）

整句和散句各有千秋，因此，在语言运用中要因地制宜，根据具体的语境，该用整句用整句，该用短句用短句，取长补短。当然，在有些情况下，更合适的做法是，整散结合，发挥二者的特长，相得益彰。如：

（18）对于一个在北平住惯的人，像我，冬天要是不刮风，便觉得是奇迹；济南的冬天是没有风声的。对于一个刚由伦敦回来的人，像我，冬天要能看得见日光，便觉得是怪事；济南的冬天是响晴的。自然，在热带的地方，日光是永远那么毒，响亮的天气，反有点叫人害怕。可是，在北中国的冬天，而能有温晴的天气，济南真得算个宝地。

设若单单是有阳光，那也算不了出奇。请闭上眼睛想：一个老城，有山有水，全在天底下晒着阳光，暖和安适地睡着，只等春风来把它们唤醒，这是不是个理想的境界？小山整把济南围了个圈儿，只有北边缺着点口儿。这一圈小山在冬天特别可爱，好像是把济南放在一个小摇篮里，它们安静不动地低声地说："你们放心吧，这儿准保暖和。"真的，济南的人们在冬天是面上含笑的。他们一看那些小山，心中便觉得有了着落，有了依靠。他们由天上看到山上，便不知不觉地想起："明天也许就是春天了吧？这样的温暖，今天夜里山草也许就绿起来了吧？"就是这点幻想不能一时实现，他们也并不着急，因为这样慈善的冬天，干啥还希望别的呢！

最妙的是下点小雪呀。看吧，山上的矮松越发的青黑，树尖上顶着一髻儿白花，好像日本看护妇。山尖全白了，给蓝天镶上一道银边。山坡上，有的地方雪厚点，有的地方草色还露着，这样，一道儿白，一道儿暗黄，给山们穿上一件带水纹的花衣；看着看着，这件花衣好像被风儿吹动，叫你希望看见一点更美的山的肌肤。等到快日落的时候，微黄的阳光斜射在山腰上，那点薄雪好像忽然害了羞，微微露出点粉色。就是下小雪吧，济南是受不住大雪的，那些小山太秀气！

古老的济南，城里那么狭窄，城外又那么宽敞，山坡上卧着些小村庄，小村庄的房顶上卧着点雪，对，这是张小水墨画，也许是唐代的名手画的吧。

那水呢，不但不结冰，倒反在绿萍上冒着点热气，水藻真绿，把终年贮蓄的绿色全拿出来了。天儿越晴，水藻越绿，就凭这些绿的精神，水也不忍得冻上，况且那些长枝的垂柳还要在水里照个影儿呢！看吧，由澄清的河水慢慢往上看吧，空中，半空中，天上，自上而下全是那么清亮，那么蓝汪汪的，整个的是块空灵的蓝水晶。这块水晶里，包着红屋顶，黄草山，像地毯上的小团花的灰色树影。这就是冬天的济南。（老舍《济南的冬天》）

老舍先生的《济南的冬天》之所以脍炙人口，就是因作者对语言高超的一种驾驭能力所致。这篇文章堪称整散结合的典范，全文舒缓与紧凑交替，参差与整齐相映，曲折生资，错综现意，让人觉得美不胜收。

平时说话或写作，大多使用散句，语言自然而活泼，如果有意识地夹入一点整句，不仅可以产生音调铿锵、节奏鲜明的韵味，同时还可以产生有放有收、活而不乱的效果。而在整句使用过多的场合，适当地引用一点散句，则又可以避免呆板僵化，使话语或文章波澜起伏，富于变化。总之，整句与散句各有妙用，该整则整，该散则散，取长补短，因情况制宜。

### 三、主动句与被动句

以施事作主语的句子叫主动句，以受事作主语的句子叫被动句。从语用上看，主动句和被动句存在两大区别：其一，在主动句中，施事为陈述对象，通常反映已知信息；在被动句中，受事为陈述对象，通常与已知信息相联系。其二，主动句中的"把"字句，具有较为明显的处置意味；被动句中的"被"字句，则往往带有较强的被处置意味。因此，主动句和被动句的使用不是任意的，而是有条件的，尤其是"被"字句，受到更多制约，使用上尤需谨慎。不过在以下场合，则通常采用"被"字句。如：

（一）以受事为陈述对象，且施事不需说出，或不愿说出，或无从说出，在此情况下，通常使用"被"字句。如：

（19）过了阴历八月十五日，真是收秋时候，县农会主席老杨同志，被分配到第六区来检查督促秋收工作。（赵树理《老杨同志》）

例（19）中，"老杨"为陈述的对象，也是受事者（分配的对象），至于谁将老杨分配到第六区的，即施事者是谁没有交代的必要。

（二）若要让前后句主语保持一致，且后续句主语由受事充当，在此情况下，通常让后续句以"被"字句的形式出现。如：

（20）那瀑布从上面冲下，仿佛已被扯成大小的几绺；不复是一幅整齐而平滑的布。（朱自清《温州的踪迹·绿》）

例（20）中，"瀑布"为主语，同时也是受事者，后面两个分句的主语也是"瀑布"、只不过承前省略了。由于第二个分句被省略的主语"瀑布"在句中也为受事，所以此句采用了"被"字句的形式进行表达。

从修辞的角度说，主动句和被动句的表达各有特点，因此，掌握这两种句式的特点，进而根据具体的语境恰当地使用是提高语言表达的唯一正确选择。

### 四、肯定句与否定句

对主语所指的人或事物作出肯定判断的句子叫肯定句，对主语所指的人或事物作出否定判断的句子叫否定句。同一意思可以用肯定句表示，也可以用否定句表示，但两者语意的轻重、强调有别。一般而言，在表达一个意思时，肯定句的语气比较强，否定句的语气比较委婉、平和。如：

（21）a. 他是个好学生。b. 他不是个坏学生。

（22）a. 今天天气好。b. 今天天气不坏。

（23）a. 要在两年内建成一座大桥是件困难的事情。b. 要在两年内建成一座大桥，不是件容易的事情。

肯定句和否定句之间还能互相转换。肯定句改为否定句时，加上否定词及意思相反的词，就变为否定句了。如："他是个聪明的孩子。"变为否定句时，则为"他不是笨孩子。"否定句若要改为肯定句，则需去掉否定词加上意思相反的词，变成肯定形式即可。如："这是个不错的理由。"变为肯定句时，则为"这是个好的理由。"

双重否定句最常见的是前后连用两次否定，有两个否定词；也可以用一个否定词加上否定意义的动词或反问语气。双重否定表示的是肯定的意思，它比一般的肯定句语气更强，更有加坚定有力。肯定句改为双重否定句，要在关键词前加上两个连用的否定词，如"不得不""不能不""不是不""不会不""不要不""没有一个不"等重否定词。双重否定句表达肯定的意思，改写成肯定句时，要注意这些双重否定词的细微差别。如："不得不"带有"无奈、勉强、不情愿"等语义，改写成肯定句时，通常加上"只能"或"只好"等词。而"不能不""不要不"等语气强烈，改写时可以加上"必须""肯定"或"当然"等词。如：

（24）a. 他们一家三口被生活所迫，只好给地主打长活。 b. 他们一家三口被生活所迫，不得不给地主打长活。

（25）a. 我班被评为先进集体，全班同学都感到自豪。b. 我班被评为先进集体，全班同学没有一个不感到自豪。

书面语中还经常使用"无不、无非、不无、未必不"等双重否定词语来表示肯定。如：

（26）他今天在大会上讲的话不无道理。

（27）在场的观众无不为他的精彩表演所打动。

（28）他无非是想多捞点退休金罢了。

（29）我虽然年轻，但未必不是你的对手。

## 五、同义句

同义句指的是语言意义相同的句子。句子的意义是由构成成分和句法结构共同构建的，但是，整个句子的意义并不是构成成分和句法结构的简单组合。语言的意义是整个社会所共同的，语言的同义句也是整个社会共同的。汉语同义句很丰富。

在汉语中，两个句子的格式相同，只是个别词语不同，如果这个词语具有同义关系，那么这两个句子就是同义句。如：

（30）老王喜欢自己的工作。

（31）老王热爱自己的工作。

同一个句子格式，运用不同的表层形式说写出来，它们之间具有同义关系，是同义句。因为表层结构虽然不同，但并不能改变句子的深层语义关系。比如要表达被动句式，既可用"被"字，还可用"给"字引导。如：

（32）张三被李四打了三下。

（33）张三给李四打了三下。

这两个例子的不同只体现在语体色彩的不同上，例（32）书面语色彩较强，例（33）则口语色彩更浓些。不过，从句子的语义关系上看，这两个例子表达的基本意义是相同的，因此，它们属于同义句。像例（32）（33）这种因语言构成成分或句法结构不同而造成的同义句属于语言层面的同义句。除此之外，还有为适应交际需要而产生的同义句，这种同义句属于言语层面的同义句。

从修辞的角度说，同义句的存在为语言的表达提供了更多选择的机会。作为语言的使用者来说，尽可能选择一种最能适切语境的表达方式应该是一个主要的努力目标。比如当你想向朋友借用一支铅笔时，你可以选择不同的说法："请把你的铅笔借给我。""我能用一下你的铅笔吗？""我用一下你的铅笔，可不可以？""铅笔，拿来！""你有铅笔吗？""我需要铅笔。"等。以上几种因具体的交际（借铅笔）而产生的同义句就是典型的言语层面的同义句。

虽然语言表达有若各种，但总会有一种更加能适切语境的表达。同义句之间无所谓优劣，只有适切语境的那一句才是更好的。

## 六、多义句

多义句就是句子形式相同，同时具有两种以上的意义的句子。多义句也可以分为语言层面的多义句和言语层面的多义句。语言层面的多义句又分为词汇多义句和句法多义句。言语层面的多义句也叫语用多义句，是因语用需要而产生的。

所谓词汇多义句，就是因句子所包含的词汇的多义性而导致的多义句。如：

（34）我喜欢白头翁。

例（34）中的"白头翁"既可以指一种鸟类，还可以指老人。由于"白头翁"这个词汇的多义导致了整个句子产生了多义，因而此句属于词汇多义句。

所谓句法多义句，就是因句法结构不同而导致整个句子出现多义的情况。如：

（35）大前年我们同到工人俱乐部看实业展览会时，不是有一个戴着桐盆帽的矮子和一个微弯着背的胡子和我点首的么？（周全平《爱与血的交流》）

例（35）中的"一个戴着桐盆帽的矮子和一个微弯着背的胡子和我点首"有两种切分的方法。第一种切分是：一个戴着桐盆帽的矮子和 / 一个微弯着背的胡子和我 / 点首。第二种切分是：一个戴着桐盆帽的矮子和一个微弯着背的胡子 / 和我点首。第一种切分，前一个"和"是介词，后一个"和"是连词。第二种切分，前一个"和"是连词，后一个"和"是介词。

所谓言语层面的多义句，或者说语用多义句，就是指在特定的交际语境中，为达到某种交际目的而产生多种含义的句子。如：

（36）"他是一个哑巴！他是一个聋子！"

此例既可以指"他"的确有生理上的缺陷，也可以指"他"是一个正常的人，只不过是一个不爱说话，像个哑巴和聋子一样的人。

言语层面的多义句，是由文化、心理、情境和上下文等因素造成的。这些因素很复杂，不容易把握。甚至毫不夸张地说，任何一个言语层面的句子都是多义的，都可有不同的理解。交际活动中的任何一个变量都会改变句子的意义，都可能给句子创造出新的含义来。

因此，就理论而言话语中句子意义的解释几乎具有无限的可能性，换句话说，言语层面的句子在很多情况下是多义的。

## 七、歧义句

所谓"歧义句"，指的是在理解上会产生两种可能的句子，换言之，就是可以这样理解也可以那样理解的句子。如：

（37）放弃美丽的女人让人心碎。

例（37）既可理解为男人放弃了美丽的女人心碎，还可理解为女人放弃了追求美丽的权利，那可真是件令人心碎的事。再如：

（38）我叫他去。

例（38）中，"叫"可理解为"让、使、派"，这个句子的意思就是"我派他去"；"叫"也可以理解为"喊、唤、招"等意思，这个句子就是"我去叫他"或"我去喊他"。再如：

（39）开刀的是他父亲。

例（39）中，"开刀的"可以是主刀做手术的大夫，也可以理解为"被做手术的患者"。再如：

（40）学校领导对他的批评是有充分思想准备的。

例（40）中，"对他的批评"可以理解为学校领导批评他，也可以理解为他批评学校领导。再如：

（41）他背着媳妇做了不少事。

例（41）中，"背"的读音有歧解。读"bèi"可以理解为他做不让爱人知道的事；读"bēi"就是说明他的媳妇是残疾人。

汉语中的歧义句无处不在，再举几个更为经典的歧义句。如朱德熙先生在论文中最先提到的"咬死了猎人的狗"。其中的猎人和狗谁死谁活竟然难以分清。赵元任先生最早用到的"鸡不吃了"，到底是鸡不吃饭了还是人不吃鸡了。还有，"鸟不打了"，是鸟不打架了还是人不打鸟了。"她弟弟和我说的一模一样"到底是他弟弟说的话和我说的一模一样还是他弟弟跟我猜想，说得一模一样？总之，歧义句就是一个句子没有固定的意思，有两种或多种理解和意义的句子。

# 第五节　语体修辞

语体与修辞之间存在一定的"互动关系"，不同语体在语言的表达方式上有着明显的差异。下面我们通过探讨"立法语言"的特点，来充分展示"立法语体"在语言修辞方面所具有的选择性。

众所周知，法律是国家意志的体现，是国家立法机关为了维护整个社会的和谐稳定，为了维护社会的安定团结，为了保护每个公民的合法权益，最终保证社会能够健康发展，才进行一系列的立法工作，并不断地发展和完善现有的法律体系。在立法工作中，不论是国家层面的立法，还是地方立法，要想准确地表达法律思想就需要提高立法语言的表达效能。那么，如何才能提高立法语言的表达水平呢？其实，要提高立法语言的表达效能，首先必须加强该类语言的研究，其次，还应该从立法技术的层面不断地发展和完善现有的立法语言。由此可见，加强立法语言的研究显得非常必要。众所周知，立法语言包括立法语言、刑事立法语言等。法律规范是由国家制定和认可，并由国家强制力保证实施的最高行为准则，具有无可置疑的法律效力，因此，在语言运用中必须充分显示出法律规范的权威性，权威性是立法语言的首要特点。

## （一）立法语言的权威性

在所有人类的交际工具中，语言是人类最重要的交际工具，语言没有阶级性，它一视同仁地为所有的公民服务。语言虽然一视同仁地为各个阶层的人服务，但在语言的内部，有些语言具有一定的"领域性"特征，它只在特定领域为特定的目的服务，有的学者将此类语言称为"领域语言"，如"立法语言"等均属于这类语言。立法语言作为法律的载体，它传达国际的意志，保护全体公民合法权利，因此具有一定的权威性，尤其国家层面的立法条文更具有权威性。立法语言的权威性主要体现在：其一，立法主体具有一定的权威性。主体一般是具有立法权的主体，国家立法的主体是国家最高权力机关，地方立法的主体则是地方各级权力机关；其二，立法的程序具有权威性。立法工作，不论是国家立法还是地方立法均是在各级人民代表常务委员会的组织下，以特定的程序进行；其三，立法的最终成果——立法条文具有权威性。立法条文一旦获得各级人大会议通过，就具有法律效力，它实施以国家的强制力作为保障，具有较强的约束力和权威性。

其实，立法语言之所以具有权威性是由法律的权威性决定的。众所周知，法律面前人人平等，法律在当今法制时代具有崇高的地位，任何个人都不能诋毁或污蔑法律的尊严。当前，我国正在全面建设法制化社会，法律从来没有像现在这样被国家如此高度的重视。国家重视法律，大力弘扬法律，树立法律权威，维护法律尊严，让普法、学法、爱法、守法成为整个社会的普遍风尚，只有这样，我们建设社会主义法制化国家的目标才能如期实现。各级司法和行政机关，应该各司其职，各尽其责，依法保障公民的合法权益，保护全体公民、法人和其他组织的各种权利，依法打击犯罪，维护社会的安全和稳定。在这些方面已经做了大量工作，并收到了良好效果。全体公民的守法、学法、用法、守法的意识普遍增强，并已经学会运用法律武器保护自己的合法权益，自觉与各种违法犯罪活动做坚决的斗争。2020年《中华人民共和国民法典》正式颁布，该法典为保护公民合法权益提供了强有力的法律保障。可见，在我国正努力建设法制化社会的进程中，保障法律的权威性显得非常重要，而法律权威性的实现需要借助立法语言这一形式载体，所以加强立法语言权威性的研究具有重要的理论和现实意义。对于立法语言中的一个重要分支——立法语言而言，同样需要关注它的权威性特征，以期能更好地提高立法语言的表达效率，更好地为法制化国家建设服务。

**（二）立法语言的准确性**

"准确性"是立法语言的重要特点，也是所有立法语言的重要特点。立法语言作为一种重要的立法语言，其特点体现为准确无误、凝练简明、严谨周密、庄重肃穆和朴实无华，其中准确无误最为重要。立法语言准确性的具体内容：一是概念要准确；二是实施范围要清楚；三是权利和义务规定要明确。立法语言是人们在长期立法和司法实践过程中形成的一种立法语言的分支。立法语言的准确性的实现需要具备两个条件：一是立法语言表述的内容要明确，如果所表述的内容本身就是模糊或边界不清的，那么追求立法语言的准确性将是一句空话；二是立法语言的表述方式要明确。具体来说，首先，立法语言的表述应该尽可能采用法律专业术语。每一个法律术语原则上都表示一个特定的法律概念，并只有在相应的法律语境下使用，不能用别的词语替代，如"物权""继承权""著作权"等。其次，立法语言的修饰语尽可能在表述上完备和具体，若想达到这个目标，立法语言主语、谓语、宾语等中心语的修饰语在形式上长度拉长，修饰语在结构上往往是"多项联合短语""多层嵌套短语"等复杂短语。此外，在立法语言中，一些结构复杂的短语或句式也经常被大量使用，如"的"字短语、"除"字句式、"但（是）"句式、解说句式等。需要指出，立法语言的准确性也是相对的，因为大千世界的万事万物本来就难以厘清界限。立法语言所表述的内容由于存在边界的模糊性，因此该类语言的准确性不可能是绝对的。在此意义上讲，立法语言的准确性常常和模糊性相伴相生，相辅相成，二者处于对立统一的辩证关系之中。

### （三）立法语言的模糊性

立法语言的准确性和模糊性之间是辩证统一的关系。模糊性是语言的本质属性之一，模糊性也是立法语言的本质属性和特点。一般地说，对立法语言的模糊性，学界的观点往往一分为二，即主要是肯定，当然也指出其中的不足。持肯定态度的学者认为，立法语言的模糊性本身具有很强的语用功能，比如概括功能、信息传递功能、劝导功能、礼貌功能和避讳功能。立法语言的模糊性常常和准确性相伴相生，二者是对立统一的关系。一方面立法语言要求语言要精确、明白，另一方面，立法语言又具有不可回避的模糊性，如何处理二者之间的矛盾，的确需要下大力气加以解决，否则会影响立法知识的应用和普及。立法语言准确性的重要性自不必说，其模糊性有时也会发挥积极的语用功能，能够增强立法的准确性以及扩大立法的适用性，以此来克服法律在表意方面的某些局限。从这个意义上讲，立法语言的模糊性和准确性达成了一致，即在某些特定的条件下，立法语言的模糊性是为了使语言的表述更为准确。当然，准确性和模糊性本身是一对相悖的概念，如果语言模糊了势必会损害语言的准确性，同样，语言在准确性方面如果要求过高了，自然该语言的模糊性就会降低。当然，有时要准确地反映和表述客观事物必须使用模糊语言，这就是学术界讲的"以模糊求准确"。模糊语言有时具有提供适量或足量信息的功能，信息适量或足量就意味着语言表达会更加准确。因此，在立法中，表达难以确定的或无须确定的时间、空间、数量等信息时，模糊语言就会发挥其语用功能。立法语言的模糊性扩大了其立法的适用面，因为法律有时很需要概括力极强的表达，以便能更好地达到立法者的法律意图。

（四）立法语言的技术性

在技术层面，立法语言在言语层次与表述层次，均呈现出区别于其他语言使用的区别性特征。当前，我国在立法工作方面投入了大量的精力，立法工作应该说已经取得了不少的进步，不过在立法技术等方面仍然存在不少不足和缺陷。那么，今后如何完善和规范立法技术，使立法工作全面走向规范化，是当前急需解决的一个问题。当然，立法技术的完善，归根到底需要改进或完善立法语言。立法语言的改进和完善需要建立在深入研究的基础之上，因此必须对现有立法语言进行深入研究，研究该类语言的特点、词语和短语的用法、特殊格式和句式的用法、标点和修辞等方面的用法等，在此基础之上，发现并完善现有立法语言的不足之处，为与法律相关的各项应用服务。立法语言作为立法语言的重要组成部分，从立法技术的层面讲，应该本着明确性、简要性和规格性的要求，对现行立法文本语言进行深入研究，并在此基础上，提出相应的撰写、修改和完善的策略与具体措施，改进现有立法语言的表述。全国人民代表大会法制工作委员会立法用语规范化专家咨询委员会的成立就是应立法用语规范化的需要而设立的。立法语言的改进和完善，也应在该咨询委员会的指导下，本着服务社会、服务每个公民的理念，从技术层面对该类语言进行精准施策。立法语言的技术性还体现在该类语言是一种有别于一般自然语言的"人为语言"，也就是说，立法语言是可以进行干预的，有时为了法律的特殊需要，可以人为地去改进和完善现有立法语言的用语和结构，这样做的根本目的是使立法语言更好地服务社会，更好地为法制中国建设服务。

（五）立法语言的程式性

立法语言与其他立法语言一样，在语言的表述方面呈现出"程式化"的特点。具体体现在，立法语言在用词方面往往使用不少本专业领域的"专业词语"，如"要约""犯罪预备""犯罪未遂""犯罪中止""无罪推定"等。立法语言在短语的使用方面，为了表达的完善和具体，常常使用一些"多项并列短语""多层叠加式短语""'的'字短语"等。在句式方面，立法语言经常运用"'但（是）'类句式""'排除'类句式""解说句式"等特殊句式。此外，在篇章结构、标点符号、修辞手法等的使用方面均体现出区别于其他语言的特殊的"程式化"特点。从文体的角度说，立法语言属于立法文体，具有所有立法文体具有的一般特点，同时立法语言也具有自己独特的表述方式，尤其在专业术语的使用方面立法语言与其他法律文体语言有一定差异。因此，对立法语言的程式性特点的研究，将有助于立法语言的深入研究。

　　以上分析表明，语体和修辞之间存在明显的"选择"关系，这种选择关系在一定程度上就是语体和修辞"互动"关系的体现，可见，研究修辞绝不能忽视语体的因素。

# 第一章　辞格之一

本章主要探讨汉语修辞格中的"比喻""比拟""借代""拈连"和"夸张"。这几种修辞格在汉语中较为常用。

## 第一节　比喻

所谓"比喻"辞格，是汉语当中的一种常用修辞方式，一般用跟甲事物有相似之点的乙事物来描写或说明甲事物，也叫"譬喻""打比方"，中国古代称为"比"或"譬（辟）"。依据描写或说明的方式，"比喻"辞格可分为"明喻""暗喻""借喻""博喻""强喻""反喻""引喻""约喻""回喻""扩喻""缩喻"等多种。

众所周知，"比喻"是汉民族运用最广泛的修辞格之一，在汉语表达当中有着独特的地位和艺术魅力。在汉民族的语言表达中，动物常作为喻体。如"俯首甘为孺子牛"，用老黄牛来比喻勤勤恳恳、任劳任怨的人；"老马识途"，用老马来比喻富于经验、堪为先导的人。由此反映出中国人对牛马有着特殊的感情，认为牛马最辛苦、最忠诚、最稳重。这是因为中国古代经历了较长时期的农耕社会，而在那种生活环境中牛和马的作用是不可替代的。再有，龙和凤也经常出现在比喻中。成语"龙驹凤雏"用来比喻聪颖英俊的少年；"云蒸龙变"比喻英雄豪杰遇时奋起。龙和凤是中华民族的象征，在古代龙凤是整个民族崇拜的图腾，这是中国独有的传统文化。比喻修辞中多用龙凤作比，体现了中国人对祥瑞的重视和渴望。

"比喻"常出现在圣贤们的典籍中。譬如《三字经》中的"玉不琢，不成器"用来比喻人不受教育、不学习就不可能有成就。《劝学》中从头到尾多次运用比喻，如"青，取之于蓝，而青于蓝；冰，水为之，而寒于水。""积土成山，风雨兴焉；积水成渊，蛟龙生焉。"等，用各样比喻来劝勉和鼓励学习。以经典篇章中的哲理语句作为喻体，体现了先人的智慧和才干，体现了中华文化的源远流长、传承发展。

比喻的名称最早见于《诗经·大雅·抑》，其中有"取譬不远，昊天不忒"的诗句。春秋战国，诸子百家开始对比喻进行研究。到南北朝时期，刘勰的《文心雕龙》有专篇对比喻进行全面、精辟的论述。到了明、清，出现了明代徐元太的《喻林》、清代吕佩芬的《经言明喻编》等汇编比喻现象的专书，使比喻的研究得到进一步的发展。

构成比喻内容上有三个要素："本体"，指被比喻的事物或情境。"喻词"表示比喻关系的词语。"喻体"指打比方的事物或情境。比喻按三个部分的关系可分为：明喻、暗喻和借喻三种类型。

## 一、明喻、暗喻、借喻

所谓"明喻"，是指本体、喻词和喻体都显现。喻词常见的有：像、好像、好似、如、有如、如同、恰似、仿佛……如：

（1）他（本体）动也不动，彷如（喻词）石像（喻体）。

（2）叶子（本体）出水很高，像（喻词）亭亭的舞女的裙（喻体）。（朱自清《荷塘月色》）

所谓"暗喻"，是指本体和喻体均出现，喻词常见的有：是、变成、成为、等于……如：

（3）母亲啊！你（本体）是 荷叶（喻体），我（本体）是 红莲（喻体）。（冰心《荷叶母亲》）

（4）我似乎打了一个寒噤；我就知道，我们之间已经隔了一层可悲的厚障壁（喻体）了，我再也说不出话。（鲁迅《故乡》）

所谓"借喻"，是指不出现本体，或不在本句出现，而是借用喻体直接代替本体。如：

（5）鲁迅在一篇文章里，主张打落水狗。他说，如果不打落水狗（喻体），它一旦跳起来，就要咬你，最低限度也要溅你一身污泥。

## 二、博喻

所谓"博喻"，指的是比喻中的一种特殊类型。"博喻"就是用几个喻体从不同角度去比喻说明一个本体，它不同于明喻、暗喻、借喻等各种比喻，博喻运用得当，能产生特殊的修辞效果。博喻主要有两种情形：

**（一）运用多个喻体共同描绘本体的"一个方面"。如：**

（6）"看见空际细雨似的，朝雾似的，暮烟似的飞沫升落。"（《听潮》）

例（6），运用"细雨""朝雾"和"暮烟"三个喻体描绘海浪的形态，为了引起读者丰富的联想和共鸣。

**（二）运用多个喻体描绘本体的"几种状态"。如：**

（7）雨是最寻常的，一下就是三两天。可别恼。看，像牛毛，像花针，像细丝，密密地斜织着，人家屋顶上全笼着一层薄烟。（《春》）

例（7），运用"牛毛"比喻春雨的细密；运用"花针"比喻春雨的晶莹透亮；运用"细丝"比喻春雨的轻柔。三个喻配合，描绘了春雨的多、柔、细、密的特点。

### 三、强喻、反喻、引喻、约喻、回喻、扩喻、缩喻

**（一）强喻**

所谓"强喻"，指的是强调本体胜过喻体或不及喻体的比喻，格式"甲比乙×或乙比甲×"。如：

（8）那一片春色啊，比起滇池的水不知还要深多少倍。（杨朔《茶花赋》）

（9）桃花潭水深千尺，不及汪伦送我情。（李白《赠汪伦》）

**（二）反喻**

所谓"反喻"，指的是用与本意相反的言语来表达本意，即"说反话"。常用于嘲弄讽刺。如：

（10）这个整天同钢铁打交道的技术员，他的心倒不像钢铁那样。（巴金《怀念萧珊》）

（11）打江山不是容易的，并不是别人做好一碗红烧肉放在桌上，等待你坐下来狼吞虎咽。（姚雪垠《李自成》）

例（10），"他的心"为本体，"不像钢铁那样"为喻体，意思是像棉花那样温柔；例（11），"打江山"为本体，"不是别人做好一碗红烧肉放在桌上，等待你坐下来狼吞虎咽"为喻体，意思是打江山是一件需要流血牺牲，极不容易的事情。

**（三）引喻**

所谓"引喻"指的是引用一种事物来比喻另一事物，本体、喻体都出现，但把喻体作为"引子"而不用喻词的一种比喻。引喻经常以排比、对偶等平行句式的形式出现。其表现形式是"引乙喻甲"或"以甲引乙"。如：

（12）射箭要看靶子，弹琴要看听众，写文章做演说倒可以不看读者不看听众么？（《反对党八股》）

例（12），作者引用射箭、弹琴等通俗浅显的事情，深刻阐明了写文章做演说一定要看对象的道理。

（四）约喻

所谓"约喻"指的是用一个喻体来比喻几个本体的修辞格。约喻与博喻相对，博喻的功能在于揭示一个事物的多方面特征；约喻的功能在于突出一组事物的共同特征。如：

（13）这是梅花，有红梅、白梅、绿梅，还有朱砂梅，一树一树的，每一树梅花都是一树诗。（《茶花赋》）

（14）岸边的渔火，江心的灯标，接连地亮起来；连同它们在水面映出的红色光晕，使长江像是眨着眼睛，沉沉欲睡。（《三峡之秋》）

例（13）把"红梅、白梅、绿梅、朱砂梅"，每一种梅都比作"一树诗"，四个本体用一个喻体进行比喻，集中描绘了诗情画意的境界。例（14）把"渔火""灯标"和它们映在水面的"光晕"一并用来比喻长江的眼睛，收到独特的艺术效果。

（五）回喻

所谓"回喻"，有人也称为"互喻"，是一种先用喻体作本体，再用本体作喻体，互相设喻的比喻辞格。如：

（15）远远的街灯明了，/好像闪着无数的明星。/天上的明星现了，/好像点着无数的街灯。（郭沫若《天上的街市》）

（六）扩喻

所谓"扩喻"，指的是本体和喻体都是短句，有时本体在前，有时本体在后，不用喻词。这种用句子作为本体和喻体的比喻，整个比喻在形式上得到了扩大（长度拉长），这种比喻就属于"扩喻"，又称作"类比"。如：

（16）人有悲欢离合，月有阴晴圆缺，此事古难全。（苏轼《水调歌头》）

（17）一朵花，我们不大觉得它香，但是从许多花朵提炼成的香精，只要一滴，我们就感到它的浓郁了。许多诗歌、戏剧、小说，之所以有强烈感人之处，和作者正确地把素材表现出来不是关系极大么！（秦牧《北京花房》）

（七）缩喻

所谓"缩喻"，指的是本体和喻体都出现，但不出现比喻词，本体与喻体极其紧密地连在一起的比喻形式叫缩喻。可分为两种类型：

第一，并列式缩喻。即本体与喻体是并列关系。如："弯弯的月儿小小的船。"本体是"弯弯的月儿"，喻体是"小小的船"，中间没有喻词，二者构成复指短语。

第二，偏正式缩喻。即本体与喻体是偏正关系。即形式上二者是修饰与被修饰的关系。如"黄金季节"，前者修饰后者，而修饰语是比喻性质的，只是无"像、似的"之类的比喻词而已。

总之，缩喻语言简练，结构紧凑，生动形象，是古代汉语的遗存，并被现代汉语所继承。

# 第二节　比拟

所谓"比拟"辞格，指的是把甲事物当作乙事物来描述和说明。"比拟"辞格分为三种类型：一是将人比作物；二是将物比作人；三是将甲物化为乙物。运用"比拟"辞格往往能收到特殊的修辞效果，或增添特有情味，或尽情描绘，或抒发爱憎分明的感情。在"比拟"辞格中，一般把被比拟的事物称为"本体"，而用来比拟的事物则称之为"拟体"。

"比拟"辞格可分为"拟人"和"拟物"两种类型。"拟人"辞格就是把物当作人来写，赋予物以人的动作行为或思想感情。"拟物"又包括两类：一是把人当作物来写，使人具有物的动作或情态；二是把甲事物当作乙事物来写。

"拟人"辞格有几种类型：

第一，动物的拟人化。如：

（1）一只探险的蜜蜂正绕着布满的柳树枝头的金色的花朵嗡嗡着。看不见的云雀在天鹅绒般的绿油油的田野和盖满了冰的，收割后的田地上颤巍巍地歌唱着；田凫在那积满了塘水的洼地和沼泽上面哀鸣……（《安娜·卡列尼娜》）

例（1），多处使用了"拟人"。作者有意将动物人格化，赋予它们以人的品格。蜜蜂在"探险"，云雀在"歌唱"，田凫在"哀鸣"……作者将这些动物以人的性情去写，极其生动地描绘出一幅充满人情味儿的风景图。

第二，植物拟人化。如：

（2）高粱好似一队队的"红领巾"，悄悄地把周围的道路观察；向日葵摇着头微笑着，望不尽太阳起处的红色天涯；矮小而年高的垂柳，用苍绿的叶子抚摸着快熟的庄稼；密集的芦苇，细心地护卫着脚下偷偷开放的野花。（《团泊洼的秋天》）

例（2），作者以拟人的方式描绘了"色彩缤纷、生机勃勃"的动人秋景。高粱在"悄悄地观察"，向日葵在"摇着头微笑着"，垂柳"抚摸着"庄稼，芦苇"细心地护卫着偷偷开放的野花"。通过这一系列的拟人手法，使自然景物呈现出栩栩如生、生动活泼的情趣。

第三，无生物拟人化。如：

（3）枪口对准星星，星星大吃一惊！看它呀，躲躲闪闪，看它呀，跳跳蹦蹦。星星，不要害怕，战士的眼睛最清！我们揍的是空中强盗，瞄你，只是练功。星星笑了，笑着跳上了准星。眼睛——星星，一条线，牵来了多少黎明！（《瞄星星》）

例（3），星星"大吃一惊""躲躲闪闪"和"跳跳蹦蹦"，这些描写手法无疑均采用了"拟人"的修辞格。作者展开想象的翅膀，根据星星的特点，赋予其人的性格，使表达更为生动而传神。

第四，事理拟人化。如：

（4）这里叫洋八股废止，有些同志却实际上还在提倡。这里叫空洞抽象的调头少唱，有些同志却硬要多唱。这里叫教条主义休息，有些同志却叫它起床。（《反对党八股》）

例（4），"教条主义"属于抽象概念，但作者却以人的品格和性情来描绘它，这就增添了语言表达的生动性和趣味性，也更能打动读者，引人入胜。

"拟物"有几种类型：一是将人拟为物。如：

（5）金色的太阳照耀着金色的麦而是认得上乘法丰收的歌儿在田野里荡漾；维吾尔族姑娘插上金色的翅膀，在广阔的天地里飞翔。（《女拖拉机手》）

例（5），鸟类才有翅膀。但作者在此却赋予维吾尔族姑娘以翅膀，将人以动物的特征去写，赋予语言以灵感，具有特殊的表达效果。

（6）那肥大的荷叶下面，有一个人的脸，下半截身子长在水里。荷花变成了人，那不是我们的水生吗？又往左右看去，不久，各人便找到了各人丈夫的脸，啊，原来是他们！（《荷花淀》）

例（6），写水生"下半截身子长在水里"，人赋予植物的特点和品格，使语言显得格外清新、美丽和自然。

二是将物拟为物。这种类型有：以有生物拟为无生物、以无生物拟为有生物、以物拟为抽象事理、以抽象事理拟为物等。如：

（7）予观夫巴陵胜状，在洞庭一湖。衔远山，吞长江，浩浩汤汤，横无际涯；朝晖夕阴，气象万千。此则岳阳楼之大观也。（《岳阳楼记》）

例（7），"衔"与"吞"都是动词，表示人或动物的动作。作者将"洞庭一湖"拟为动物。巍巍群山，能"衔"住滚滚的长江，可见洞庭湖之广大无际。

此外，构成"比拟"的方法主要有以下几种：

第一，转嫁感情，即把人的感情性格转到物上。如：

（8）井冈山上的毛竹，同井冈山人一样坚贞不屈。（《井冈翠竹》）

第二，转嫁当作和行为。有两种情况：一是由人到物。如：

（9）群山肃立，江河挥泪，辽阔的祖国大地沉浸在巨大的悲痛之中。（《敬爱的周总理永垂不朽》）

（10）她在呢喃低语中朦胧睡去，窗口的两支红烛滴落着一滴一滴红色的泪。（《两草一心》）

二是由物到人。如：

（11）"帝国主义夹着尾巴逃跑了。"（《社会主义好》）

第三，转嫁呼唤，把人的呼唤转于物上。如：

（12）英雄的纪念碑啊，你可曾看见，此刻，在北京，在全国，在全世界，为失去中华民族的优秀儿子，在哭泣，在沉思，在焦灼不宁。（《写在祖国的江河和土地上》）

第四，转嫁称谓，把人的称谓转于物上。如：

（13）看，榕树老人捋着长髯，木瓜弟兄睁着大眼，候着出海的渔民哪，披风戴露满载鱼虾回家园。（《厦门风姿》）

第五，转嫁人称，用人称代词指物。如：

（14）是的，外面有和风，丽日，可小白杨，你是否知道什么叫严霜，冬雪，风雨霜雪中，你会结结实实地生长起来。（《小白杨》）

第六，转嫁抽象于具体，使抽象事物具体化。如：

（15）他总结失败的教训，把失败接起来，焊上去，作为登山用的尼龙绳子和金属梯子。（《哥德巴赫猜想》）

当然，比拟辞格绝不止以上几种，辞格总是在不断创新。如：

（16）民政干部回到区政府，从头到脚都是笑眯眯的。（《芙蓉镇》）

# 第三节　借代

陈望道先生在《修辞学发凡》中指出："所说事物纵然同其他事物没有类似点，假使中间还有不可分离的关系时，作者也可借那关系事物的名称，来代替所说的事物。如此借代的，名叫借代辞。"修辞学一般将"借代"辞格定义为——根据修辞需要，临时以相关的人或事物代替本来的人或事物的修辞格。

"借代"辞格指的是，说话或写文章时不直接说出所要表达的人或事物，而是借用与它密切相关的人或事物来代替的修辞方法。被替代的叫"本体"，替代的叫"借体"。一般表现形式为："本体"不出现，只用"借体"来代替。

"借代"辞格的修辞效果为——以简代繁，以实代虚，以奇代凡，以事代情。如：

（1）把名字刻入石头的，名字比尸首烂得更早。（《有的人》）

例（1），"石头"通常用来作为纪念碑的材料，此处借"石头"（材料）来代纪念碑，委婉地揭示出黑暗势力行将灭亡的趋势。

在现代汉语修辞格中，"借代"又叫"换名"，借代的种类主要有以下几种：

第一，部分代整体。如：

（2）两岸青山相对出，孤帆一片日边来。（《望天门山》）

（3）晓雾将歇，猿鸟乱鸣；夕日欲颓，沉鳞竞跃。（《答谢中书书》）

例（2），利用船的一部分"帆"来代替船；例（3）则是用鱼鳞代替鱼。

第二，特征、标志代本体。如：

（4）旌旗十万斩阎罗。（《梅岭三章》）

（5）她是一位白领。

例（4）属于标志代本体，借"旌旗"代替军队或武装力量；例（5）则是用职场人士的穿着特点代指本身。

第三，具体代抽象。如：

（6）南国烽烟正十年。（《梅岭三章》）

例（6）中的"烽烟"，原是古代边境用以报警的烟火，这里代指战争，把战争这个抽象的概念具体化和形象化了。

第四，工具代本体。如：

（7）等到惊蛰一犁土的季节，十家已有八户亮了囤底，揭不开锅。（《榆钱饭》）

例（7）中的"囤"是装粮食的工具，用"亮了囤底"代指缺了粮；"锅"是做饭的工具，用"揭不开锅"代指没饭吃。

第五，专名代泛称。如：

（8）你们杀死一个李公朴，会有千百万个李公朴站起来！（《最后一次讲演》）

例（8）中第二个"李公朴"，代指不怕流血牺牲，为争取民主和平而战斗的人们。

第六，结果代原因。如：

（9）这件事实在令人捧腹。

例（9）中，捧腹是捧着肚子，捧腹的原因是出现笑话或令人发笑的东西。以"捧腹"的结果代之"笑话"等令人发笑的原因。

# 第四节　拈连

所谓"拈连（niān lián）"辞格，是指甲乙两个事物一起表达时，把本来只适用于甲事物的词语拈到乙事物身上，这种修辞方式就叫"拈连"，又叫"顺拈"。使用"拈连"，能够使上下文产生紧密的联系，促使表达更加生动。

"拈连"的前一事物称为"本体"，后一事物称"拈体"，把两个事物拈在一起的词语称为"拈词"。"拈连"可分为"全式拈连"和"略式拈连"两种类型。

## （一）全式拈连

所谓"全式拈连"，指的是甲乙两事物均出现，拈连词语不可少。它犹如锁链一般，使前后拈连在一起。如：

（1）好哇，大风，你就使劲地刮吧。你现在刮得越大，秋后的雨水就越充足。刮吧，使劲地刮吧，刮来个丰收的好年景，刮来个富强的好日子。

（2）铁窗和镣铐，坚壁和重门，

锁得自己的身，

锁不住革命的精神！

……

黄饭和臭菜，蚊蝇和虱蚤，

瘦得了我的肉，

瘦不了我的骨。（《坚强的战士》）

例（1），"刮"本来是用于"大风"，这里顺势"拈"来用在"丰收的好年景"和"富强的好日子"上，使不搭配的动宾结构，巧妙地拈连在一起，使得表达更加生动别致。例（2），把适用于"身"的"锁"巧妙地用到"精神"上；同时把适用于"肉"的"瘦"巧妙地用到"骨"上，这种用法能产生独特的修辞效果。

根据交际的需要，有时把甲乙两事物的次序进行颠倒，也就是乙事物在前，甲事物在后。如：

（3）一双茧手力万钧，

掰开大山夺乌金。

壮志在胸镐在手，

干劲万吨煤万吨。(《采工》)

（4）大红花我心里早戴上喽，评功的时候我就说过：年轻人戴上青枝绿叶大红花分外的好看……(《不是蝉》)

**（二）略式拈连**

所谓"略式拈连"，指的是甲事物省略，或甲事物中的拈连词语省略，乙事物必须出现，不过，借助上下文，省略的内容可以填补回来。如：

（5）冬—冬—冬冬冬。声音单调吗？一点也不觉得。因为每一声冬冬都敲出对旧事物的诅咒，敲出对新生的人民共和国美好的祝愿。(《鼓声》)

（6）我只是伫立凝望，觉得这一条紫藤萝瀑布不只在我眼前，也在我心上流过。(《紫藤萝瀑布》)

例（5），省略了甲事物"敲出冬冬声"。例（6），省略了甲事物中的拈连词语"流过"。

运用拈连辞格要注意的问题：

第一，"拈连"要贴切、要自然。"拈连"不能单纯注意字面上的联系，应从内容方面考虑，才能"拈"得自然，"连"得贴切。如：

（7）夜里天冷北风急，

班长下岗月儿西；

手拿针线灯下坐，

为我熬夜缝军衣；

线儿缝在军衣上，

情意缝在我心里。

例（7），把缝军衣的"缝"巧妙地拈连于下句，表达"情意缝在我心里"，深化了文章的主题，使语言的表达更加生动而富有生气。

第二，"拈连"要求甲乙两事物在语义上必须有内在的联系。甲事物是乙事物的根据或条件，乙事物只有依据甲事物才能准确理解。如：

（8）在高原的土地上种下一株株的树秧，也就是种下了一个美好的希望。(《中国人民解放军战士诗选·植树歌》)

例（8），"种下了一个美好的希望"之所以能被人们理解，是因为种树是造福后代，所以说这句话自然也就便于理解了。

"拈连"和"移就"既有区别又有联系。二者的相同点在于：二者均是将用于甲事物的词用在本不适用的乙事物身上。二者的不同点在于：第一，拈连的甲事物要在前面出现，而移就则不需要出现甲事物。第二，拈连所用的词一般是动词，做谓语，而移就所用的词一般是形容词，做定语。第三，作用不一样。拈连的作用是形象生动，移就的作用是简练而深刻。

# 第五节　夸张

所谓"夸张"辞格，是指运用丰富的想象，在客观事物的基础上进行放大或缩小，旨在增强语言的某种表达效果。"夸张"辞格也叫"夸饰"或"铺张"。

"夸张"辞格可分为："普通"类和"超前"类。普通类又可分为：扩大夸张和缩小夸张。

**（一）扩大夸张。有意把事物说得"大、多、高、强、深……"。如：**
（1）蜀道之难，难于上青天。

**（二）缩小夸张。有意把事物说得"小、少、低、弱、浅……"。如：**
（2）一个浑身黑色的人，站在老栓面前，眼光正像两把刀，刺得老栓缩小了一半。

在现代汉语中，成语如"寸土必争""滴水不漏""寸步难行"等也有同样的表达效果。

**（三）超前夸张。在时间上把后出现的事物提前一步说出来。如：**
（3）农民们都说："看见这样鲜绿的麦苗，就嗅出白面包子的香味来了。"

"夸张"辞格的作用。"夸张"辞格往往用言过其实的方法，揭示事物的本质，强调作者的某种感情，烘托环境和气氛。"夸张"往往能引起读者丰富的想象和强烈的共鸣。"夸张"辞格在语言的表达上常常能产生意想不到的表达效果。如：

（4）力拔山兮气盖世。（《垓下歌》）
（5）五岭逶迤腾细浪，乌蒙磅礴走泥丸。（《七律·长征》）
（6）万里赴戎机，关山度若飞。（《木兰诗》）
（7）策勋十二转，赏赐百千强。（《木兰诗》）

"夸张"辞格还具有幽默感，并富含哲理。同时，运用"夸张"还要注意以下几点：

第一，夸张不是浮夸，而是有意做夸大或缩小，所以不能离开生活的基础。否则，就会出现不合事理的用法。如：

（8）同志们，你们看，我们的力量大如天，

（9）脚下地球当球玩，大洋海水能喝干。

（10）那年黄梅季节，呼和浩特一带足足有五六十天阴雨不断，谷子、高粱都霉烂，连人也发霉了。

上述三个例子的表述完全脱离了生活实际，这种夸张缺乏生活基础，属于假话和大话。

第二，夸张不能和事实距离过近，否则夸张和事实就难以区分了。如：

（11）祖国大地换新颜，一天等于二十年。

（12）劳动三十天，胜过六十天。

例（11）是明显的夸张；但例（12）就没有夸张的意味，因为现实当中这种情况不足为奇。

第三，夸张常常借助比喻、比拟等辞格，使用时要注意表意的一致，防止互相矛盾。如：

（13）举着红灯的游行队伍河一样流到街上。

（14）天空的月亮失去了光辉，星星也都躲藏。（《我们最伟大的节日》）

以上两例，"游行队伍河一样流到街上"，既是比喻又是夸张，融合得很自然。"星星也都躲藏"，则是比拟和夸张的有效融合。

当然也有表意不协调的。如：

（15）坚强的李刚视死如归，然而他受尽折磨，身躯已像草秆一般瘦。

例（15），"身躯已像草秆一般瘦"比喻与夸张融合，但与"坚强的李刚"的表述很不搭配，也不协调。

# 第二章　辞格之二

本章主要探讨汉语修辞格中的"双关""仿词""反语""婉曲"和"移就"，这几种辞格也较为常用。

## 第一节　双关

所谓"双关"辞格，指的是在一定的语言环境中，利用词的"多义"或"同音"条件，有意使语句具有双重意义，言在此而意在彼，这一种修辞手法叫做"双关"。

**（一）语义双关**

所谓"语义双关"，就是利用词语或句子的多义性在特定语境中构成语义的双重性。如：

（1）将那三春看破，桃红柳绿待如何？把这韶华打灭，觅那清淡天和。（《红楼梦》）

例（1）中，"三春"表面指暮春，实际上指的是元春、迎春、探春三人的遭遇。

关于语义双关，在实际的语言中使用比较普遍，下面再举几例。如：

（2）借问瘟君欲何往，纸船明烛照天烧。（《七律·送瘟神》）

（3）夜正长，路也正长，我不如忘却，不说的好吧。（《为了忘却的记念》）

（4）我得去！凭我这身板，赤手空拳也干个够本！我刚打算往下跳，只见她扭回头来，两眼直盯着被惊呆了的孩子，拉长了声音说："孩子，好好地听妈妈的话啊！"（《党费》）

例（2）"瘟君"表面指血吸虫，实指社会上的害人虫。例（3）"夜"表面指表时间的"夜晚"，实指黑暗统治；"路"表面指道路，实指革命征途。例（4）"听妈妈的话"则实指听党的话。

**（二）谐音双关**

所谓"谐音双关"，就是利用词的"同音"条件，有意使语句具有双重意义，这种修辞手法就叫"谐音双关"。

（5）杨柳青青江水平，闻郎江上唱歌声。东边日出西边雨，道是无晴却有晴。

例（5）中，"晴"与"情"谐音，这样可以造成双重意义。

（6）空对着，山中高士晶莹雪；终不忘，世外仙姝寂寞林。（《红楼梦》）

例（6）中，"雪"与"薛"谐音，实指薛宝钗，"林"与林黛玉的"林"也是谐音双关。

（7）要强借房租一年，所以百姓们都把"崇祯"读做"重征"。（《李自成》）

例（7）中，"重征"同"崇祯"谐音，据此造成谐音双关。

（8）春蚕到死丝方尽，蜡炬成灰泪始干。

例（8）中，表面上指蚕丝和蜡泪，实指"相思"和"眼泪"。

（9）丞相做事业，专靠黄菜叶。一朝秋风起，干鳖！

例（9）中表面上指黄菜叶，实指丞相所信用的三个坏人——黄敬夫、蔡彦文和叶得新。

进一步讲，"双关"辞格是一类极具汉民族特点的修辞格，这种辞格方便简洁地传达着汉民族独特的价值观和文化取向。"双关"辞格一般可分为谐音、语义、语法三种类型。"谐音双关"伴随着我们，生活中随处可见。汉民族旧式婚礼，新娘入门要从火盆上迈过去，取"火"的谐音，寓日子红红火火；新婚床上用品中，需要放置红枣、花生、桂圆、栗子，以图"早生贵子"。如今，老百姓遇到大灾小难时，习惯用桃木梳子，吃桃子罐头，谐音"逃"，希望能够逃脱不幸和困难。生活富足了，许多生意人把翡翠白菜摆在店中或家中，"白菜"谐音"摆财"，意味生意兴隆、财源滚滚。以上反映出汉民族人们一个共同的心态，就是利用"谐音"关系，避凶求吉，追求吉利，避开凶险邪恶。

我们知道，鲁迅先生的语言很有代表性，他的作品语言犀利、寓意深远，运用了大量的修辞格，其中不乏"双关"辞格的使用。如《为了忘却的记念》中反复提到——"人们都睡觉了，连我的女人和孩子"，这里的"睡觉"除了一般意义上的睡觉，还有更深一层的涵义，即人们精神上思想上的麻木，对国事和国人的漠不关心。此处使用了"语义双关"，反映了中国人委婉含蓄的社会心理，将欲表达的意思蕴含在普通话语中，不刻意批判或嘲讽，却能褒贬到位，产生良好的语用效果。这种行文风格，是符合汉民族人们深沉、谦逊和含蓄的性格因素的。

如今，广告语中运用双关的例子随处可见。如大家熟悉的一句广告词——"要想皮肤好，早晚用大宝"。这里的"早晚"是指早上和晚上，除此之外，还可作为时间副词，表示"迟早"的意思。从以上语言的使用情况可知，"双关"修辞格确实是汉民族语言中一种独具特色的修辞手法。

# 第二节　仿词

所谓"仿词"辞格，指的是人们根据表达需要，将已有词语的某个语素或词替换成其他语素或词，临时仿造出新词语，同时创造出新的词义，这种修辞手法就叫"仿词"。"仿词"主要有谐音仿、相类仿和反义仿等几种类型。

**（一）谐音仿。如：**

（1）草木皆冰——草木皆兵　民意测验——名义测验　你不会跳舞——我会跳六

**（二）相类仿。如：**

（2）第二天早晨，她们的头发上都结了霜。男同志们笑她们说："嘿，你们演'白毛女'都不用化妆了！"她们也笑男同志，"还说哩！你看，你们不是'白毛男'吗？"（《年轻人，让你的青春更美丽吧！》）

（3）那几年，我不就改造成家庭妇男了吗？不信，你们问文婷，我什么不干？什么不会？（《人到中年》）

（4）假使这也算一种"信"，那也只能说中国人曾经有过"他信力"。（《中国人失掉自信力了吗？》）

**（三）反义仿。如：**

（5）夜深沉，草原上乌云密布，寒气袭人。叶剑英来到磨坊附近，杨尚昆已在那里等他，两个人既紧张又兴奋，急忙赶路。同志们看到他们来了，高兴地说；"我们开小差跑出来。"叶剑英风趣地说："不，不是开小差，而是开大差，是执行中央北上的方针。"

除以上类型外，"仿词"还有一些特殊的类型，如"多层仿""辐射仿""双关仿"和"语体仿"等。

**（四）多层仿。如：**

（6）妹妹你慢慢地往"钱"走。（《光明日报》）

例（6）是仿"妹妹你大胆地往前走"这一句歌词。"慢慢"是"大胆"的仿用，属"反义仿"，"钱"仿"前"音，属"谐音仿"。这种意义和读音的多层仿用，使表达情趣倍增。

（五）辐射仿。如：

（7）正如"水感"特好的人有可能成为世界级游泳运动员一样，让有"球感"的人去打球踢球，有"生意感"的人去担任厂长经理，有"新闻感"的人去当记者，"群众感"特强的人当干部，这于本人于国家于事业都大有好处。（《文汇报》）

例（7）中的"水感""球感""生意感""新闻感"和"群众感"等是仿"手感"一词而创造出来的，在此表达出一种好事连连的独特的艺术情趣。

（六）双关仿。如：

（8）如果对柯云路这样的为"胡"作伥祸害人民的可耻行径无动于衷，不置一辞，相安无事，从道义上讲不是"同流合污"是什么？（《杂文报》）

例（8）是对作家柯云路鼓吹伪科学、为胡万林借行医为名行骗钱之实作帮凶一事的评论。其中的"为'胡'作伥"是仿词，在"胡"和"虎"读音相近的奇妙组合中，又隐含了"胡万林类吃人的虎"的影射，"仿词"和"双关"两种辞格相得益彰，妙趣横生。

（9）费新我老先生一次对客挥毫，写孟浩然《过故人庄》，当写到"开轩面场圃，把酒话桑麻"一句时，不留神漏掉了一个"话"字，旁观者窃窃私语，皆有惋惜之情。费老这天喝了点酒，而酒后容易失话（言），于是费老拍拍脑袋连声说："酒后失话！酒后失话！"并在词尾用小字补写了这四个字，以示阙如。（《演讲与口才》）

例（9）"酒后失话"一说，是对"酒后失言"的仿拟之笔，然其妙处在于："酒后失话"这一仿词，既含酒后容易"失手"之意，又指"酒后写字，漏失了一个'话'字"一事。一语双关，音意相谐，含蓄巧妙，真可谓神来之笔。

（七）语体仿。如：

（10）如昆明华亭寺一石碑文。药有十味：好肚肠一根，慈悲心一斤，温柔半两，道理三分，信行要紧，中直一块，孝顺十分，老实一个，阴阳全用，方便不拘多少。用药方法：宽心锅内炒，不要焦，不要躁，去火理三分。用药时切忌：言清行浊，利己损人，肠中毒，笑里刀，两头蛇，平地起风波。

例（10）中的这段碑文目的是为劝恶扬善，教人达观处世，行文却不正面说教，而是巧借药方体式，读来令人耳目一新。

运用仿词要注意的问题：

第一，"仿词"是人们为了某种表达需要而临时创造的，它的特定含义要清晰明白，让人容易理解，切忌模棱两可。若表达不明，不但让人难于理解，甚至还会造成误导。

第二，"仿词"不但是形式的临时改换，同时在意义、语音等方面也要有所创新、有一定的审美价值。

仿词误用的情形：

在现实的语言交际中，若"仿词"使用不当，则会造成交际的误会，甚至会对正常的交际造成障碍。如：

（11）老周惨死在日本鬼子监工的棍棒之下。老人回想着，眼眶里淤满一层潮湿的泪雾。

（12）一家理发店门口招牌上横书"不可丝艺"。

例（11），根据"烟雾""雨雾"仿造出"泪雾"一词。"雾"的形成需要较大的空间，而且还需一定的温度等条件的支持，而眼眶的空间不光小，也不具备形成"泪雾"的其他物理条件。此外，"雾"是不能"淤满"的。例（12），"不可丝艺"则是根据"不可思议"仿造出来的，但不易理解。

# 第三节　反语

所谓"反语"辞格，有人也称其为"倒反""反说""反辞"等，通俗地说就是"说反话"的意思。"反语"辞格指的是使用与本义相反的词语来表意，表达的意义中含有否定、讽刺以及嘲弄的意味儿，这是一种感情色彩浓厚、感情具有较强倾向性的修辞手法。

依照交际对象的不同和言者感情色彩的差异，"反语"主要有两种类型——"讽刺反语"和"风趣反语"。

（一）"讽刺反语"。这种"反语"目标是"揭露、批判、讽刺和嘲弄"，这是"反语"常见的用法。如：

（1）"……这样也可算是将功赎罪吧。那么，我也希望你们能够知恩感德……""哈哈哈哈"一阵大笑，打断了沈百万的话。老宫用他那洪亮的声音，讽刺地说："谢谢你，我的好心的沈老太爷。我们很知你的恩，很感你的德。而且对你的这份'恩德'，我们是定要报的，你放心就是了。"（《海啸》）

例（1）中，老宫所说的基本上属于"反语"。但其实他心里并不是这样想的，不过嘴里偏偏说出了这些话。"谢谢你"等同于"哼"，"好心"等同于"狠心""黑心"，"恩""德""恩德"等同于"仇""恨""仇恨"。"报"也属于"反语"，这里并不指报恩，而指报仇。

（2）当三个女子从容地转辗于文明人所发明的枪弹的攒射中的时候，这是怎样的一个惊心动魄的伟大啊！中国军人屠戮妇婴的伟绩，八国联军的惩创学生的武功，不幸全被这几缕血痕抹杀了。（《记念刘和珍君》）

例（2）中，鲁迅先生写《记念刘和珍君》的时代背景大概是这样的。1926年，冯玉祥将军率领的国民军与奉系军阀开战，国民军炮轰了日本帝国主义的军舰。日本帝国主义于是向当时北洋政府提出了抗议和各种无理条件，同时在天津附近集结各国军队，伺机动用武力。北京人民为了反对帝国主义的侵犯，于3月18日向北洋政府请愿。北洋政府下令开枪，制造了震惊中外的"三一八"惨案。例（2）中，"文明人""伟绩"和"武功"等都是"反语"，这些"反语"的使用，目的在于揭露了野蛮暴行、抨击北洋政府、反对外来侵略行径。

（二）"风趣反语"。这种"反语"的目标是达到"风趣、幽默、诙谐"的表达效果，同时，此种"反语"字面表达的是贬义，而实际上表达的却是褒义。如：

（3）吴淑兰的心，被革命竞赛的热情燃烧着，早已飞回她的队员中去，飞到田野里去了，无论张腊月和她的队员们怎样苦苦劝留，说什么也留不住。最后，张腊月无可奈何地笑骂道："我现在才认识你，你是个顶坏顶坏的女人啊！"她们两人，虽说只相处了一天，可是她们的友情是那么诚挚深厚……（《新结识的伙伴》）

例（3），从整个句子的表意看，"顶坏顶坏"在这里绝不是在骂吴淑兰，而是想表达张腊月对这位新伙伴由衷的喜爱之情。此处连用两个"顶坏"，语言诙谐，表达了她们之间亲密无间，没有隔阂，没有猜疑，十分融洽的关系。

（4）一席话说的倪继祖一言不发，唯有低头哭泣。李氏心下为难，猛然想起一计来，须如此如此，冤家方能回去。想罢说道："孩儿不要啼哭。我有三件，你要依从，诸事办妥，为娘的必随你去如何？"倪继祖连忙问道："那三件？母亲说明。"（《三侠五义》）

例（4），从例句的表意看，倪继祖作为李氏的儿子，两人不可能是冤家，而且也不可能在这种时候骂他"冤家"，显然这里使用了"反语"的修辞手法。

"反语"修辞格的作用："反语"的作用在于其"讽刺性"，有时比正面表达更有力量。运用"反语"辞格，能更好地表达丰富的思想和激越的情感。

（一）使用"反语"辞格能揭露、批判和嘲弄某些负面的东西，增加正面语言的战斗力。如：

（5）至于男盗和女娼，那是非但无害，而且有益：男盗——可以多刮几层地皮，女娼——可以多弄几个"裙带官儿"的位置。（《伪自由书·赌咒》）

例（5），"无害""有益"都是"反语"辞格的运用，实际上相当于"有害""无益"，此处借"反语"揭露"男盗"的本质；同时也能揭露"女娼"的本质。"裙带官儿"是因女人而获得官职的人。"无害""有益"的运用体现出强烈的嘲讽性。

（二）使用"反语"辞格能旗帜鲜明地表达说话人的立场和态度。如：

（6）正值有个当案孔目，姓孙，名定，为人最鲠直，十分好善，只要周全人，因此人都唤做"孙佛儿"。他明知道这件事，转转宛宛在府上说知就里，禀道："此事果是屈了林冲，只可周全他。"府尹道："他做下这般罪！高太尉批'仰定罪'，定要问他手执利刃，故入节堂，杀害本官，怎周全得他？"孙定道："这南衙开封府，不是朝廷的，是高太尉家的！"府尹道："胡说！"（《水浒传》）

例（6），《水浒传》中，高衙内看中了林娘子，便屡屡设计陷害林冲，使林冲误入白虎堂，得以加罪于林冲。这里的一句话——"这南衙开封府，不是朝廷的，是高太尉家的！"，就是典型的"反语"辞格，鲜明地表达了孙定的正义态度和立场，揭露和讽刺了高府横行霸道、仗势欺人的恶劣行为。

（三）使用"反语"辞格能使语言富于变化，妙趣横生，增强语言的幽默感和风趣感。如：

（7）我们五月以后的生活费简直毫无着落了。啊，幸亏上天开眼，天气渐渐和暖了起来，冬服完全没用处，被条也可以减省了，我们便逐渐把去交给一家质店替我们保管……（《致成仿吾书》）

例（7），从例子的整体表意看，作者不用"典押"，转而使用"保管"一词，这样的表达能增强语言的幽默感，同时使语言富于变化，显得生动而有趣。

（四）使用"反语"辞格有时具有特殊的功效，有时能把憋在心里的、想说的话一下子说出来，这样往往能取得意想不到的修辞效果。如：

（8）庄宗好畋猎，猎于中牟，践民田。中牟县令当马切谏为民请。庄宗怒，叱县令去，将杀之。伶人敬新磨知其不可，乃率诸伶走追县令，擒至马前，责之曰："汝为县令，独不知我天子好猎耶？奈何纵民稼穑以供税赋，何不饥汝县民而空此地，以备吾天子之驰骋？汝罪当死！"因前请亟行刑，诸伶共唱和之。庄宗大笑。县令乃得免去。（《五代史·伶官传》）

例（8），这个例子中的话语——"你身为县令，难道不知道天子喜欢打猎吗？为什么还任由老百姓种植庄稼来交纳税赋？为什么不让你的县民把这块地空出来，准备给我们天子骑马打猎呢？你所犯的罪应当处死！"，显然是"反语"，通过这些"反语"不但保全了县令的性命，同时还融洽了君臣之间的关系。"反语"在这里起到了意想不到的修辞效果。

# 第四节　婉曲

所谓"碗曲"，指的是不直截表达意思，而是用委婉曲折的方式去表达本意的修辞方式。这种辞格往往含糊其辞，具有委婉曲折的特点。"婉曲"辞格又可分为"曲折""微辞""吞吐"和"含蓄"四种类型。

"婉曲"有人也称其为"折绕"。这种辞格的特点是，作者往往把不想直接说出的或因各种原因不敢明说的话语，用一种迂回方式表达出来。这种辞格往往具有委婉曲折的表达特点，也能收到特殊的表达效果。

**（一）曲折。如：**

（1）部队转进某地。

（2）人地不宜。

例（1），作战失败，讳言撤退。例（2），公文书里罢黜官员。

（3）君问归期未有期，巴山夜雨涨秋池；何当共剪西窗烛，却话巴山夜雨时。（《夜雨寄北》）

（4）今夜鄜州月，闺中只独看。遥怜小儿女，未解忆长安。香雾云鬟湿，清辉玉臂寒。何时倚虚幌，双照泪痕干。（《月夜》）

例（3）（4），这两首诗都运用了"碗曲"手法，设想将来的重逢，回味今日的分离。想象妻子思念自己的景象。

**（二）微辞。如：**

（5）将不愿直陈的话，避开正面，用侧面来表达，从隐微婉曲的文辞中，透露讽刺不满的意味。柳原笑道：这一炸，炸断了多少故事的尾巴！流苏也怡然，半晌方道：炸死了你，我的故事就该完了。炸死了我，你的故事还长着呢！柳原笑道：你打算替我守节么？（《倾城之恋》）

例（5），流苏讥刺柳原用情不专，但不直言，说"炸死了我，你的故事还长着呢！"婉转曲折，产生特殊的表达效果。

（三）吞吐。如：

（6）香冷金猊，被翻红浪，起来慵自梳头。任宝奁尘满，日上帘钩。生怕离怀别苦，多少事、欲说还休。新来瘦，非干病酒，不是悲秋。（《凤凰台上忆吹箫》）

例（6），本例不以直截了当的言辞来表达，而是在将说未说之时，强自压抑，用吞多吐少的语句，达到欲放还收的修辞效果。

（四）含蓄。如：

（7）云母屏深烛影深，长河渐落晓星沉。嫦娥应悔偷灵药，碧海青天夜夜心。（《嫦娥》）

例（7），本例以"避开正面、不露锋芒"的词句，从侧面道出，但又不道尽，使情余言外，让读者自行玩味领悟。

运用婉曲需要注意的问题：

第一，婉曲话语，妙在含蓄委婉，意在言外。如孙犁在《荷花淀》有一段描写四个青年妇女想去看新参军的丈夫的对话：

（8）女人们到底有些藕断丝连。过了两天，四个青年妇女聚在水生家里，大家商量。"听说他们还在这里没走。我不拖尾巴，可是忘下了一件衣裳。""我有句要紧的话，得和他说说。""听他说，鬼子要在河口安据点……"水生的女人说。"哪里就碰得那么巧，我们快去快回来。""我本来不想去，可是俺婆婆非叫我再去看看他——有什么看头啊！"

例（8），几个女人都不直说自己想去看新参军的丈夫，而采取了含蓄委婉的方式。

第二，婉曲的真正含义一定要让人悟得出来，最终要露出"庐山真面目"，不能使人误解或产生歧义。如：

（9）他走着，走着，路灯一盏一盏地亮了。他走着，走着，路灯又一盏一盏地灭了。（《丢了舵的小船》）

例（9），本例说的是"走到天黑，又走到天亮"的意思，从上下文也可推断出来，含义还是明确的。

# 第五节　移就

所谓"移就"辞格，指的是说写者故意把用于甲事物的词语移用来描写乙事物的修辞方法。"移就"一般可分为"移人于物""移物于人"和"移物于物"三个类型。"移就"辞格往往能使文句更为简洁生动，同时也可使语句表达力增强、给人以想象的空间和无穷的诗意。

**（一）移人于物。这种辞格的特点是，把描写人的词语移用来描写物，从而衬托人的思想感情，增强语言的表达效果。如：**

（1）她们被幽闭在宫闱里，戴个花冠，穿着美丽的服装，可是陪伴着她们的只是七弦琴和寂寞的梧桐树。（《上海的早晨》）

例（1），"寂寞"本是人的一种主观感受，现在用来描写物——"梧桐树"，以正面衬托"被幽闭在宫闱里"人的孤寂。

（2）他留着浓黑的胡须，目光明亮，满头是倔强得一簇簇直竖起来的头发，仿佛处处在告白他对现实社会的不调和。（《琐忆》）

例（2），"倔强"一般是用来刻画人物的性格，这里却用来修饰"头发"，而正是这种错位移用，表现出鲁迅先生倔强的性格和不屈不挠的斗争精神。

**（二）移物于人。把描写事物的词语有意识地移用来描写人。如：**

（3）吴荪甫突然冷笑着高声大喊，一种铁青色的苦闷和失望，在他酱紫色的脸皮上泛出来。（《子夜》）

例（3），"铁青色"本是用来写物的，这里用来写人的心情"苦闷和失望"，将肖像描写和心理描写融为一体，使语句显得简洁生动、深刻有力。

（4）将最初的叹息

最后的悲伤

一齐投入生命的熔炉

铸炼成金色的希望（《铸炼》）

例（4），"金色"本是用来修饰物的词语，现在用来修饰人的"希望"，形容希望的无限美好。

**（三）移物于物。把修饰甲事物的词语有意识地移用来修饰乙事物。如：**

（5）辽阔的呼伦贝尔，甜蜜的湖光山色。（《草原牧歌》）

例（5），"甜蜜"本来是描述形容物品的味道，这里移用来修饰另一种事物"湖光山色"，写出了"湖光山色"的赏心悦目。

移就的作用。巧妙地运用移就，能使文章简洁有力、生动活泼。如：

（6）拿洗脸打比方，我们每天都要洗脸，许多人并且不止洗一次，洗完之后还要拿镜子照一照，要调查研究一番，（大笑）生怕有什么不妥当的地方。（《反对党八股》）

（7）做娘的，又难免要把自己当作处理女儿婚姻问题上的"负责干部"。（《春种秋收》）

（8）你们哥俩还是各居一屋，"互不干涉内政"？（刘心武《醒来吧，弟弟！》）

在以上诸例中，"调查研究""负责干部"和"互不干涉内政"等词语原本都应该用在比较庄重的场合，而上述例句中却都是描写的比较随便的日常生活。这些有意识的移用，便造成了幽默风趣的情调。

总之，"移就"辞格，表面看好像用词不当，但其实仔细琢磨后会发现，正是这种不当，才创设出一种美丽、创设出一种意境、创设出一种特殊的情调，并最终激发出无穷艺术魅力，产生非常的修辞效果。

# 第三章　辞格之三

本章主要探讨汉语修辞格中的"对偶""排比""层递""顶真"和"回环"，这几类辞格也较为常用。

## 第一节　对偶

所谓"对偶"辞格，指的是用两个"结构相同、字数相等、意义相对"的词组或句子来表达相反、相似或相关意思的一种修辞方式。"对偶"俗称"对子"，在诗词曲赋等韵文中则被称为"对仗"。

"对偶"辞格从形式上可分为：

**（一）单句对偶。这种类型指的是，单句对单句的对偶。如：**

（1）善无微而不赏，恶无纤而不贬。（《诸葛亮传》）

例（1），"善无微而不赏"为单句，"恶无纤而不贬"也为单句，这就属于单句对单句的对偶。再如：

（2）青山有幸埋忠骨，白铁无辜铸佞臣。（岳坟对联）

**（二）偶句对偶。这种类型指的是，"两句对两句"的对偶。如：**

（3）六王毕，四海一。蜀山兀，阿房出。（《阿房宫赋》）

例（3），"六王毕，四海一。"为两个单句构成，"蜀山兀，阿房出。"也为两个单句。前后呈现偶句对偶的情形。

**（三）多句对偶。这种类型指的是，用"三句或更多的句子"相对。如：**

（4）登高而招，臂非加长也，而见者远；顺风而呼，声非加疾也，而闻者彰。（《劝学》）

例（4），"登高而招，臂非加长也，而见者远。"为三个句子；"顺风而呼，声非加疾也，而闻者彰。"也为三个句子。此例属于"三个句子对三个句子"的对偶。

（四）句中对。指的是同一句中的"上下两个词语"的对偶。如：

（5）"峰回路转""晓风残月""羽扇纶巾"。

例（5），"峰回"对"路转"，"晓风"对"残月"，"羽扇"对"纶巾"。

"对偶"从内容上看可分为：

（一）正对。指的是上下联意思相关、相近，类同。如：

（6）海内存知己，天涯若比邻。（《送杜少府之任蜀州》）

例（6），"海内存知己"与"天涯若比邻。"表达的意思类同和相似。再如：

（7）而或长烟一空，皓月千里，浮光跃金，静影沉璧。（《岳阳楼记》）

（二）反对。指的是上下联表达相反或相对的意思，往往指同一事物的两个方面。如：

（8）锲而舍之，朽木不折；锲而不舍，金石可镂。（《劝学》）

例（8），"锲而舍之，朽木不折。"与"锲而不舍，金石可镂。"表达的意思正好相反。再如：

（9）诸侯之地有限，暴秦之欲无厌，奉之弥繁，侵之愈急。（《六国论》）

（三）串对，指的是"相串成对"，有的人也称之为"流水对"。它的"起句"与"对句"是从事物的发展过程而论的，因此，意思紧密相连。如：

（10）即从巴峡穿巫峡，便下襄阳向洛阳。（《闻官军收河南河北》）

例（10），"即从巴峡穿巫峡"与"便下襄阳向洛阳"，二者之间有紧密的逻辑联系。再如：

（11）欲穷千里目，更上一层楼。（《登鹳雀楼》）

"对偶"与"对仗"的区别：

"对偶"是一种修辞格。它是成对使用两个"结构相同、字数相等、意义相对"的词组或句子的修辞格。这种对称修辞格，在形式上整齐和谐，在内容上相互映衬，具有独特的修辞效果。

"对仗"指的是在韵文创作中，对于处在一联上下句的同一结构位置，其词语使用必须符合"词性一致，平仄相对"的要求。如：

（12）先天下之忧而忧，后天下之乐而乐。（《岳阳楼记》）（只对偶，不对仗。）

（13）春天繁花开遍峡谷，秋天果实压满山腰。（《天山景物记》）（只对偶，不对仗。）

（14）惨象，已使我目不忍视；流言，尤使我耳不忍闻。（《纪念刘和珍君》)（只对偶，不对仗。)

（15）横眉冷对千夫指，俯首甘为孺子牛。(《自嘲》)（既对偶，又对仗。)

（16）红雨随心翻作浪，青山着意化为桥。(《七律二首 送瘟神》)（既对偶，又对仗。)

（17）墙上芦苇，头重脚轻根底浅；山间竹笋，嘴尖皮厚腹中空。(《改造我们的学习》)（既对偶，又对仗。)

（18）感时花溅泪，恨别鸟惊心。(既对偶，又对仗。)

运用对偶需要注意的事项：

"对偶"是汉语所独有的辞格，最能体现汉语的民族特色，早为广大群众所喜闻乐见。中国古代的骈体文、律诗应用对偶最多。像对仗工整，节奏分明，音调铿锵，伤口悦耳，这种对仗规定很严格，不仅要求字数相等，结构相同，词性一致，实虚各自相对，而且平仄也要协调，这是严格的对偶（或叫对仗），而现代诗文使用对偶，为了适应内容的需要，冲破了上面的一些限制，只要字数相等，结构大致相同、声调基本协调就可以了。

# 第二节　排比

所谓"排比"辞格，利用意义相关或相近、结构相同或相似和语气相同的短语、句子和篇章并排，以达到加强语势和凸显某种思想的一种修辞方式。"排比"辞格一般要求三项以上进行排列。

## 一、排比的作用

用"排比"进行说理，能够达到条理分明、层层深入的修辞效果；用"排比"进行抒情，能够达到层层递进、加深感情的作用；用"排比"进行叙事，能够达到层次清楚、叙说条理的目标。总之，"排比"的行文强调"节奏感"，使用"排比"可以使读者读起来朗朗上口，并能有效增强文章的气势，深化文章的中心思想。具体而言：

第一，运用"排比"描写人物，可将人物刻画细致入微。如："他的品质是那样的纯洁和高尚，他的意志是这样坚韧和刚强，他的气质是这样的淳朴和谦逊，他的胸怀是那样的美丽和宽广。"

第二，运用"排比"描写景物，可将景物描写得细腻生动，能收到层次清楚、描写细腻、形象生动之功效。如朱自清《春》——"山朗润起来了，水长起来了，太阳的脸红起来了。"再如郭风《松坊溪的冬天》——"像柳絮一般的雪，像芦花一般的雪，像蒲公英的带绒毛的种子一般的雪，在风中飞舞。"

第三，运用"排比"说明事理，可将道理说得充分透彻。如：毛主席《为人民服务》——"我们的干部要关心每一个战士，一切革命队伍的人都要互相关心，互相爱护，互相帮助。"再如朱自清《匆匆》——"燕子去了，有再来的时候；杨柳枯了，有再青的时候；桃花谢了，有再开的时候……"

第四，运用"排比"抒发感情，能达到层层深入，深化感情之功效。如刘川《我和书的故事》——"我和书的故事实在是太多了，为书而欢乐，为书而哀愁，为书而被处罚……"再如《保卫黄河》——"保卫家乡，保卫黄河，保卫华北，保卫全中国！"

简而言之，恰当运用"排比"辞格可以表达强烈奔放的感情、说明纷繁复杂的事理，进而达到增强语言气势的修辞效果。同时，运用"排比"辞格还要从内容的角度出发，切忌生硬地拼凑，排比句读起来往往"朗朗上口"，给人感到有一股强大的力量在推动着，无疑这种修辞格能够增强文章的表达效果。

## 二、排比与对偶的区别

一般而言，"对偶"辞格是二个语言单位，而"排比"辞格则是三个或三个以上语言单位。"对偶"具有"对称性"，而"排比"要求结构大体相似，字数要求不甚严格。

"排比"辞格往往以同一词语作为彼此的触发语，使前后衔接呼应，给人以紧凑、密集之感。而"对偶"上下两联一般不能有重字。

"对偶"要求平仄对仗，"排比"没有这项要求。

## 三、运用排比需要注意的问题

第一，"排比"都是三项或更多项排列连用。"排比"能突出文章的重心，周密地说明复杂的事理，表达强烈奔放的感情，增强语言的气势，因此必须从内容的需要出发，不能生硬得拼凑排比的形式。

第二，"排比"有的是多项全举；有的是在多项之中举其要者，留有弦外之音，启发读者深思。句尾用省略号。如：

（1）西去列车的这几个不能成眠的夜晚啊，我已经听了很久，看了很久，想了很久……（贺敬之《西去列车的窗口》）

第三，准确地使用触发语是提高表达效果的重要环节。如：

（2）我们搞社会主义，没有远大的理想，没有宽阔的胸怀，没有自我牺牲精神，怎么行呢？

### 四、排比使用不当的情况

（3）为了严防敌人进犯，我们要坚决保卫好海防线！我们的海，是人民的海；我们的防，是人民的防；我们的线，是人民的线！

例（3）为了使用排比句，故意乱拆词语，以致"我们的防……"和"我们的线……"两部分意思含糊，表达生硬。

（4）为革命刻苦钻研技术，连续三年不出事故的阿珍师傅，是我们学习的榜样，是我们学习的表率，是我们学习的模范！

例（4），为了拼凑整齐的句式，硬把重复的意思组成排比，使人感到空洞、啰唆。其中"榜样""表率""模范"意义上大同小异，选用一个即可。

（5）走进大门一看，啊，这里的一切是多么优美！高大的楼房，黄墙灰瓦，广阔的操场，碧绿的草坪，平平整整，挺拔的松树……真使人心胸为之一畅！

例（5），表面上看像排比，实际上不符合排比的要求。其中"高大的楼房"与"广阔的操场""碧绿的草坪""挺拔的松树"结构一样，都是偏正结构。如果把它们组成排比，就可提高表达效果。但是中间插入了"黄墙灰瓦"和"平平整整"，于是把三个偏正短语拉散了，破坏了句子结构、语气的一致性，影响了表达效果。

# 第三节　层递

所谓"层递"辞格，指的是在数量、程度、范围等的轻重、高低、大小、本末、先后等方面，运用三个或三个以上结构相似的短语、句子和篇章来表达层层递增或递减的一种修辞手法。"层递"又叫"渐层"或"递进"。

### （一）层递的类型

"层递"辞格可分为"递增"和"递减"两类。所谓"递增式"，是指层递的顺序，由小到大、由轻到重、由少到多、由近到远、由浅到深、由低到高，层层递增。如：

（1）天时不如地利，地利不如人和。三里之城，七里之郭，环而攻之而不胜。夫环而攻之，必有得天时者矣；然而不胜者，是天时不如地利也。城非不高也，池非不深也，兵革非不坚利也，米粟非不多也；委而去之，是地利不如

人和也。(《孟子·公孙丑下》)

例（1），这段古文先是阐述好的天时比不上占有优势地形重要，再阐述占有优势地形比不上人民团结重要。并通过举例，层层深入地论述了人民团结的重要性。这种依照程度的重要性由轻到重对句子进行排列，就是"递增式"的层递修辞手法。

（2）全国同胞们！平津危急！华北危急！中华民族危急！（《反对日本进攻的方针、办法和前途》）

例（2），在这里，"平津"是指北京、天津两市；"华北"不但包括北京、天津两市，还包括河北、山西等地方；"中华民族"是指整个中国。它们的范围一个比一个大，所以是由小到大的"递增式"层递修辞格。

（3）在这狭长的长街上，不知曾经留下我们多少的踪迹。可是坚且滑的石板上，使我们的肉眼怎能辨别呢？况且，江南的风虽小，雨却豪纵惯了的。暮色苍然下，飒飒的细点儿，渐转成牵丝的"长脚雨"，早把这一天走过的千千人的脚迹，不论男的女的老的少的村的俏的，洗刷个干净。一日且如此，何论旬日；兼旬既如此，何论经年呢！明日的人儿等着哩，今日的你怎么能不去！（《清河坊》）

例（3），"一日且如此，何论旬日；兼旬既如此，何论经年呢！"时间上由日—旬—年，年的天数比旬多，而旬的天数又比日多，数量上由少到多，层层递进，所以也构成"递增式"层递修辞格。

所谓"递减式"，是指层递的顺序，由大到小、由重到轻、由多到少、由远及近、由深及浅、由高到低，层层递减。如：

（4）孙子曰："凡用兵之法，全国为上，破国次之；全军为上，破军次之；全旅为上，破旅次之；全卒为上，破卒次之；全伍为上，破伍次之……"（《孙子兵法》）

例（4），在"用兵之法"的地位上，孙子阐述了"破全国""破全军""破全旅""破全卒""破全伍"，依照由大到小的、由多到少的比例进行论说，所以是"递减式"层递修辞格。

（5）齐王使使者问威后。书未发，威后问使者曰："岁亦无恙耶？民亦无恙耶？王亦无恙耶？"使者不悦，曰："臣奉使使威后，今不问王而先问岁与民，岂先贱而后尊贵者乎？"威后曰："不然，苟无岁，何以有民？苟无民，何以有君？故有舍本而问末者乎？"（《战国策·齐策》）

例（5），从例子所展示的语义可知，在赵威后看来，年岁、百姓比君主更重要，她从收成问到百姓，再到君主，是由重要的问到次要的，由大的问到小的，所以是"递减式"层递修辞格。

（6）敬爱的周总理啊，如果能用我们来换取您一年、一月、一日，哪怕一秒的复生，我们将争先恐后地献出我们的生命。（《天安门诗抄》）

例（6），"层递"辞格是按照时间单位由大到小的顺序来排列的，由"一年"降到"一月"，由"一月"降到"一日"，再由"一日"降到"一秒"，这种由大到小、由长到短的排列就是"递减式"层递修辞格。

### （二）层递与排比的区别

第一，"层递"在结构上不强调相同或相似，往往不用相同的词语；"排比"的结构往往相同或相似，常用相同的词语。

第二，"层递"在内容上是递升或递降的，事物之间是步步推进的逻辑关系；"排比"的内容是并列的，是一个问题的几个方面，或几个相关的问题。

# 第四节　顶真

所谓"顶真"辞格，也有人称之为"顶针""联珠""蝉联"等。"顶真"辞格是指上句的结尾与下句的开头使用相同的字或词，收尾相连，依次递接，能产生特殊的音律效果，也能达到特殊的表达效果。这种修辞方式使用时，不必限制上下句的字数或平仄，但上下句连接点必须使用相同的字或词。

陈望道在《修辞学发凡》一书中指出，"顶真是用前一句的结尾来做后一句的起头，使邻接的句子头尾蝉联而有上递下接趣味的一种措辞法。"

"顶真"辞格若应用到影视剧和动漫的蒙太奇中，则可称为"顶针蒙太奇"。如：

（1）"归来见天子，天子坐明堂。"（《木兰辞》）

（2）"军书十二卷，卷卷有爷名。"（《木兰辞》）

（3）"忽闻海上有仙山，山在虚无缥缈间。"（《长恨歌》）

（4）子又生孙，孙又生子；子又有子，子又有孙。（《愚公移山》）

## 一、顶真的类型

### （一）连珠法。连珠法的顶真是句与句之间的顶真。如：

（5）"归来见天子，天子坐明堂。"（《木兰辞》）

（6）"军书十二卷，卷卷有爷名。"（《木兰辞》）

（7）"忽闻海上有仙山，山在虚无缥缈间。"（《长恨歌》）

（二）**连环体**。连环体的顶真是段与段之间的顶真。如：

（8）"下武维周，世有哲王。三后在天，王配于京。王配于京，世德作求。永言配命，成王之孚。成王之孚，下土之式。永言孝思，孝思维则。"（《诗经》）

## 二、顶真的作用

总的说来，环环紧扣，引人入胜。具体地说，议事说理，准确、谨严、周密；抒情写意，格调清新；状物叙事，条理清晰。

## 三、使用顶真不当的情况

（9）电影散场后，我徒步回家，回家路上骤然落雨，雨越下越大，大雨把我淋成了落汤鸡，落汤鸡的我很狼狈！

例（9）的意思很简单，既没有什么相互依存的事理上的内在联系，也没有什么强烈深厚的感情，由于滥用顶真，弄得文字牵强、生硬，也很拉杂。这段话可改为：

（10）电影散场后，我徒步回家，忽然下起雨来，并且越下越大，把我淋成了落汤鸡，好狼狈啊！

# 第五节　回环

所谓"回环"辞格，指的是运用回环往复的语言形式，巧妙的表达两种事物相互制约或相互依存的辩证关系，旨在加深读者对客观事物的认识和理解。"回环"也是汉语中常见的一种修辞方式。

"回环"作为一种修辞方式，语言具有韵律美，含义深刻，耐人寻味。结构匀称整齐，具有回环往复的审美效果。如：

（1）但我以为一切文艺固是宣传，而一切宣传却并非全是文艺，这正如一切花皆有色（我将白也算作色），而凡颜色未必都是花一样。（《文艺与革命》）

例（1），"文艺"与"宣传"，"花"与"颜色"进行回环往复，产生特殊的表达效果。

"回环"辞格一般有三种类型：

（一）**词的回环**。如：

（2）从我一生的经历，我悟出了一条千真万确的真理：只有社会主义才能

解放科学，也只有在科学的基础上才能建设社会主义。科学需要社会主义，社会主义更需要科学。(《科学的春天》)

例（2），这是词的回环，在"社会主义"与"科学"之间，回环往复，具有特殊的表达效果。

（3）人民需要艺术，艺术更需要人民……（《全国文学艺术工作者第四次代表大会上的祝辞》）

例（3），在"人民"和"艺术"之间，回环往复，也具有特殊的表达效果。

**（二）短语回环。如：**

（4）理性认识依赖于感性认识，感性认识有待于发展到理性认识，这就是辩证唯物论的认识论。(《实践论》)

例（4），在"理性认识"和"感性认识"之间，回环往复，具有特殊的表达效果。

（5）长相知，才能不相疑；不相疑，才能长相知。(《王昭君》)

例（5），这一句也是短语"回环"，前后两个分句，均以短语作为句子成分。

**（三）句子回环。如：**

（6）一个人倒下去，千万人站起来。

千万人站起来，一个人倒下去。（挽闻一多联）

（7）近来呀，我越帮忙，她越跟我好，她越跟我好，我越帮忙，这不就越来越对劲儿了吗？……（《女店员》）

例（6）（7），两例都是句子回环。揭示了事物之间互相依存、互相转化等的关系。

顶真和回环的区别：

"顶真"和"回环"在头尾递接这一点上相似，但又有根本的不同。"顶真"是反映事物的顺接或联结关系的，它从一个事物到另一个事物，顺连而下，其轨迹是直线型的。而"回环"是在词语相同的情况下，巧妙地变换词语顺序，利用它们不同结构关系的不同含义形成回环往复的语言形式，反映从甲事物到乙事物，又从乙事物到甲事物，其轨迹是圆周形。

# 第四章　辞格之四

本章主要探讨汉语修辞格中的"对比""映衬""反复""设问"和"反问"，这几种辞格也较为常用。

## 第一节　对比

所谓"对比"辞格，就是把两种不同的事物或者同一事物的两个方面放在一起相互比较的一种修辞方式，这种辞格有人也称其为"对照"。"对比"辞格可以使客观存在的对立统一关系表达得更为集中、更加鲜明突出，能达到主次分明、重点突出的修辞效果。

### 一、对比的基本类型

"对比"辞格按照对比的内容，可分为"两体对比"和"一体两面"两种类型。

#### （一）两体对比

所谓"两体对比"，就是把两种有"根本对立"关系的事物放在一起进行比较，让好的变得更好，坏的变得更坏；大的变得更大，小的变得更小等。如：

（1）有的人活着，

他已经死了；

有的人死了，

他还活着。

有的人

骑在人民头上："呵，我多伟大！"

有的人

俯下身子给人民当牛马。（《有的人》）

例（1）中，诗人将两类截然相反的人放到一起进行比较，使好人显得更好，坏人变得更坏，对比强烈，便于突出主题。

### （二）一体两面对比

所谓"一体两面对比"，就是把同一事物的正反两个方面放到一起去"比较"，这样便于把事情说得更明白、更全面、更深入，也便于揭示问题、凸显主题。如：

（2）时间是勤奋者的财富，创造者的宝库；

时间是懒惰者的包袱，浪费者的坟墓。

例（2），所讲的内容是——"时间"作为一种特殊的存在，对于四种不同类型的人来说具有不同的意义、也能产生截然不同的效果。

## 二、对比辞格与其他辞格的区别

### （一）对比和衬托

第一，"衬托"往往有主、次之分，"红花还需绿叶衬"，对于"衬托"辞格来说，作为衬托的事物往往处于次要地位，它们的存在是为了陪衬（凸显）主要事物而故意设置的。主次分明，重点突出是该类辞格的特殊修辞价值所在。而"对比"辞格，重在强调"对立性"，处于对立的双方没有主次的分别，它们是平行的关系，"对比"重在强调不同，凸显对立性。

第二，"衬托"描写的一定是两个事物，不能是一个事物的两个方面；而"对比"则既可以是"两个对立的事物"，也可以是一个事物的"两个对立的方面"。

第三，"衬托"的修辞效果主要在于凸显"主要事物"，往往能达到主次分明、重点突出的修辞效果，同时也有助于表达强烈思想和感情、深化文章的主题。这就是所谓的"红花还需绿叶衬"。而"对比"的修辞效果主要是对处于"对立状态"的两个事物或同一事物的两个方面进行比较，让好的显得更好，让坏的显得更坏。最终达到凸显差异，找出不同点，便于发现新问题，也便于深化主题。

### （二）对比与类比

第一，"对比"辞格是指，双方对立、相反或有差异，对比是为了强调或凸显其中一方。

第二，"类比"辞格是指，双方是相互类似的事物，二者较为接近，大致无太多的差别。

# 第二节　映衬

所谓"映衬"辞格，有人称之为"衬托"，指的是利用客观事物之间"相类或相反"的关系，以"次要衬托主要"的修辞手法。通俗地讲，就是"红花还需绿叶衬"。"映衬"有"正衬"和"反衬"两种类型。

## 一、映衬的类型

**（一）正衬。指的是次要事物和主要事物朝着同一方向发展。如：**

（1）我冒了严寒，回到相隔二千余里，别了二十余年的故乡去。时候既然是深冬；渐近故乡时，天气又阴晦了，冷风吹进船舱中，呜呜的响，从篷隙向外一望，苍黄的天底下，远近横着几个萧索的荒村，没有一活气。我的心禁不住悲凉起来了。

例（1），用荒凉凄婉的环境和气氛，正面衬托作者的悲凉心境。

**（二）反衬。指的是次要事物背离主要事物，朝着相反的方向发展。如：**

（2）淡黑的起伏的连山，仿佛是踊跃的铁的兽脊似的，都远远地向船尾跑去了，但我却还以为船慢。

例（2），用"……但我却还以为船慢"一句，反衬"我"的迫切心情。

## 二、映衬的修辞效果

"映衬"辞格的主要功能在于，突出主要事物或主要矛盾，旨在揭示和探究事物的主要方面。这种辞格便于表达强烈的思想感情、深化文章的主题，也便于挖掘事物的本质特点。简言之，"主次分明、重点突出"。

运功映衬需注意的事项：

运用"映衬"要爱憎分明，要主次分明，主要事物和次要事物让人家一看就明白；切忌喧宾夺主，让次要事物去冲淡主要事物。

"映衬"辞格与"对比"辞格不同。"映衬"有主次之分，主要事物是用来说明主要事物的，是用来凸显主要事物的。而"对比"辞格则是"对立性"的，两种对立事物或同一事物的两个对立面之间并无主次之分，而是相互依存的关系。

### 三、映衬不当的情形

（3）一场夜雨，洗落了天上的尘沙，东方燃烧的朝霞，放射出万道霞光，清凉的晨风，吹来了野花的香味。这诱人的高原美景，使人多么陶醉啊，我不禁想起了那景色一样美丽的同老根据地人民相处的日子。

例（3），此例过分渲染了陪衬事物，被陪衬事物反而不突出了。本例应该为：

（4）一场夜雨，洗落了天上的尘沙。东方燃烧的朝霞，放射出万道霞光。清凉的晨风，吹来了野花的香味。这诱人的高原美景，使人多么陶醉呀，然而使我更陶醉的是那同老根据地人民相处的日子。

下面再举映衬不当的例子：

（5）红日跃上山巅，霞光万道，晴空千里，烟消雾散，山林金光闪烁；舟来船往，小溪人声鼎沸。时间过得真快，人们怀着焦急的心情问："汽车怎么还不来呢？"

例（5）陪衬事物与被陪衬事物不相合。前面一大段景色描写，脱离被陪衬事物。怀着焦急心情的人们，哪有闲情逸致去欣赏水光山色？从容不迫地描写山水景色，这怎能烘托出焦急的心情？

# 第三节　反复

所谓"反复"辞格，指的是依据表达需要，故意重复使用一个句子或词语的修辞方法。"反复"就是说到底，就是为了强调某种意思、凸显某种情感，才有意重复使用某些词语、句子，甚至篇章等。

### 一、反复的种类

**（一）词语反复。为凸显某种思想、感情或行为，连续两次以上使用同一词语，旨在达到强调或凸显的修辞效果。如：**

（1）沉默呵，沉默呵！不在沉默中爆发，就在沉默中灭亡。（《记念刘和珍君》）

例（1），鲁迅在这里三次使用"沉默"一词，就是为了表达他对段祺瑞政府的愤怒和对民众觉醒的期盼。

（二）词组或句子的反复。有时为表达思想、情感或结构安排的需要，需要连续两次以上使用同一个词组或句子。如：

（2）"大山原来是这样的！月亮原来是这样的！核桃树原来是这样的！香雪走着，就像第一次认出养育她成人的山谷。"（《哦，香雪》）

例（2），这里连续三次反复使用"原来是这样的"，表明了香雪此时的快乐心情。再如契诃夫在《装在套子里的人》中，精心设计，让"别里科夫"连续四次说出"千万别闹出什么乱子"这句话，这就是句子的"反复"修辞格。作者通过这种修辞手法的运用，凸显了别里科夫顽固与保守的性格，塑造了一个栩栩如生的沙俄爪牙与帮凶形象。

（三）篇章反复。在诗歌和小说中最为常见。鲁迅在小说《祝福》中，精心设置，连续两次以"我真傻，真的"开头进行"篇章的反复使用"。这一方面旨在表达祥林嫂丧夫失子的痛苦情绪；另一方面也反映出鲁镇人们对祥林嫂的冷漠和无情，通过以上两个方面，进而有力地控诉和鞭挞摧残劳动妇女的旧中国封建礼教。

"反复"辞格，按照其表现方式，可以分为——"连续反复"和"间隔反复"两种类型。"连续反复"是连续重复相同的词语或句子，中间没有其他词语出现的修辞格。如：

（3）我们对着高山喊：

周总理——

山谷回音：

"他刚离去，他刚离去，

革命征途千万里，

他大步前进不停息。"（《周总理，你在哪里》）

例（3）中，"他刚离去，他刚离去"就属于"连续反复"，中间无任何别的内容。

所谓"间隔反复"就是相同词语或句子的间隔出现，也就是说，反复内容的中间嵌有别的词语或句子。如：

（4）南国的红豆啊，红得活泼，像泉水的叮咚，让人清爽。南国的红豆啊，红得艳丽。像朝阳的初生，让人神往。

例（4），将"南国的红豆啊"一句反复使用，中间嵌了——"红得活泼，像泉水的叮咚，让人清爽。"。

还有一种特殊的情况，"连续反复"和"间隔反复"交错使用，可以表现感情由一般到强烈的发展变化。如：

（5）沉默啊！沉默啊！不在沉默中爆发，就在沉默中灭亡。（《纪念刘和珍君》）

## 二、反复的作用

第一，强调或凸显，主要用来增强语气或语势。

第二，反复咏叹，主要用来表达强烈的主观感情。同时，"反复"辞格还能使诗文的语言形式整齐，同时还具有回环起伏，反复咏叹之美。

# 第四节　设问

所谓"设问"辞格，通俗地说就是"无疑而问、自问自答"的意思，这种辞格旨在引起读者的注意和思考。为了凸显某部分内容，作者有时故意先摆出问题，明知故问，自问自答。一般而言，巧妙运用"设问"修辞格，能达到"引人注意，启发思考；凸显重点，使文章波澜起伏"的修辞效果。

## 一、设问的类型

从形式上看，"设问"还可细分为：

（一）**一问一答**。也就是先提出一个"设问句"，然后接一个"答句"。这种修辞手法，能迅速抓住读者的注意力。如：

（1）什么是路？就是从没有路的地方踏出来的，从有荆棘的地方开辟出来的。（《生命的路》）

（2）谁是最可爱的人呢？我们的战士，我觉得他们是最可爱的人。（《谁是最可爱的人》）

（二）**几问一答**。也就是先提出一连串的"设问句"。紧接着一起加以回答。这种"设问"修辞手法，能增强论辩力，发人深省。如：

（3）啊，是谁，这么早就把那亲爱的令人心醉的乡音送到我的耳畔？是谁，这么早就用他那吱吱哇哇的悦耳动听的音乐唤来了玫瑰色的黎明？是一个青年人。（《乡音》）

（三）**连续问答**。就是接连使用"一问一答"的设问形式。这种"设问"修辞格，旨在达到"步步紧逼、势不可挡"的气势。如：

（4）我们就按照他的办法，也拿起刀来。这是经过调查研究以后才找到的办法。这个调查研究很重要。看到人家手里拿着东西了，我们就要调查一下。

他手里拿的是什么？是刀。刀有什么用处？可以杀人。他要拿刀杀谁？要杀人民。……（《抗日胜利后的时局和我们的方针》）

（四）问而不答。这种修辞格一般"问而不答"，答案不言而喻或给读者留下回味与思考。如：

（5）日本日立公司电机厂，五千五百人，年产一千二百万千瓦；咱们厂，八千九百人，年产一百二十万千瓦。这说明什么？要求我们干什么？（《乔厂长上任记》）

（6）老岩不是要在南方过年么？为什么提前回来了？一推门，我就看到了一个奇迹：一把褐色的样式古朴的陶土瓦壶，在蜂窝炉上咝咝地冒着水汽。（《心香》）

可见，"设问"辞格的特征在于"无疑而问"。因此，我们在运用"设问"辞格时，要对该辞格的特点有明确的认识，做到心中有数，方能运用自如。此外，运用"设问"辞格还要立足全局，该使用则用，不该使用则不用，掌握有度，方能使语言表达灵活多变，富有生气。

## 二、设问与反问的区别

"设问"和"反问"辞格虽均使用"问句"的形式，但都是疑问，这是二者的相同点。二者的不同点为：

第一，形式上，"设问"为"先问再答"；而"反问"是"只问不答"，但答案却在句中。

第二，功能上，"设问"主要是为了吸引读者注意，引人入胜；而"反问"主要是为加强语气，深化某种观点、思想和感情。

第三，意义上，"设问"不肯定什么或否定什么，只用"一问一答"的形式；而"反问"则明确表示肯定和否定的内容，语气十分强烈。

## 三、设问不当的情形

（7）清晨，你一走进公园就可以看到有的在打太极拳，有的在舞剑，有的在对刀等。这就是我国具有民族风格和悠久历史的武术运动，它深受广大群众的喜爱。可是，你是否知道舞剑对身体有什么好处？武术有什么内容？太极拳是怎样产生的？

例（7）后半部用了三个设问句，但语义层次不清，语序不合理。第一和第三设问句说的是武术中的具体项目，第二设问句说的是武术这个总项目。这三个设问句在内容上有互相包容的关系，不应当把大的概念放在当中，硬把它们连在一起。如果调换语序，改为"你是否知道武术有些什么内容？舞剑对身体有什么好处？太极拳是怎样产生的？"这样就显得条理清楚，意思也更加明确。

# 第五节　反问

所谓"反问"辞格，有人也叫"无疑而问""明知故问"或"激问、反诘、诘问"等。"反问"辞格就是利用"疑问的形式"表达确定的意思，旨在达到加重语气的一种修辞手法。"反问"辞格，只问不答，但人们能够从反问句中领会到说写者所要表达的意思。

## 一、反问的类型

反问主要有两种类型：

（一）问而不答的反问。这是"反问"的主要表现形式，它又包括"用肯定句表否定的内容"和"用否定句表肯定的内容"两种形式。

第一，用肯定句表否定的内容。如：

（1）太阳会从西边出来吗？

（2）钢琴笨重如棺材，小提琴要数十百元一具。制造虽精，世间有几人能够享有呢？（《山中避雨》）

第二，用否定句表肯定的内容。如：

（3）我呢，我难道没有应该责备自己的地方吗？

（4）我心里在想着，宁静的竹海里难道没有人家？（《竹林深处人家》）

（5）可是，这没有关系，在我们的记忆中，这样的无名英雄不是还很多吗？（《黎明的河边》）

（6）历史上没有一个反人民的势力不被人民毁灭的！希特勒、墨索里尼不都在人民之前倒下去了吗？（《最后一次讲演》）

必须注意，反问本身表达否定的意思，因此，反问若以否定的形式出现则表达肯定的意思，若以肯定的形式出现则表达否定的意思。

（二）问而作答的反问。如：

（7）敢于这样做人，难道不是一个英雄吗？可以肯定地说是一个英雄，一个大大的英雄。

## 二、反问修辞格的作用

"反问"辞格能加强语气，因人深思，触发读者感情，加深读者印象，增强文章气势和说服力。为了更有效发挥"反问"的修辞效能，有时甚至可以用"集中反问"或"连续反问"来表达激越的情感，以增强文章的感召力。如：

（8）声音是不太好听，有点沙哑，有点毛毛刺刺的。可是公开教学课难道是上台表演吗？嗓子不好的人，就只能躲在树林子里读他喜欢的课文吗？京京心里难受极了。(《心声》)

# 第五章　辞格之五

本章主要探讨汉语修辞格中的"飞白""互文""通感""白描"和"摹绘"，这几类辞格也较为常用。

## 第一节　飞白

所谓"飞白"辞格，是指明知有误，故意仿效其错，目的在于追求滑稽、幽默、趣味等目标。"飞白"有时是记录或援用他人的言语错误，有时则是说写者故意写错或说错一些话语，以达到滑稽、幽默等修辞效果。

在汉语中，"飞白"是一种常见辞格，按照内容可分为以下类型："语音飞白""文字飞白""词语飞白""语法飞白"和"逻辑飞白"。所谓"语音飞白"指的是利用各种不准确的语音，如"口吃、咬舌、方言"等。所谓"文字飞白"是利用文字使用上的错误。所谓"词语飞白"是利用用词上的错误。而所谓"语法飞白"则是利用语法关系上的错误。

"飞白"这一修辞格式，在文章或话语中的作用主要表现为：

**（一）记录语言。如：**

（1）《史记·高祖本纪》：（五年）正月，诸侯及将相相与共请尊汉王为皇帝。汉王曰："吾闻帝贤者有也，空言虚语，非所守也，吾不敢当帝位。"群臣皆曰："大王起微细，诛暴逆，平定四海，有功者辄裂地而封为王侯。大王不尊号，皆疑不信。臣等以死守之。"汉王三让，不得已，曰："诸君必以为便，便国家。"甲午，《集解》：徐广曰："二月甲午。"乃即皇帝位汜水之阳。

（2）秦兆阳《炊事员熊老铁》："熊老铁还想倔强到底，却见张部长有回屋里，抓住那位何同志的手，说道：'东（同）喷（志），刚才熊老铁的话你都听见了吧，好好的赶（检）讨赶（检）讨吧……'"

例（1）（2），"便，便"是直录吃瑟的语言；"东喷""赶讨"则是对方音的记录。书面语言如果不用这种飞白的手法，就体现不出这种语言事实。

**（二）援用语言。如：**

（3）褚人获《坚瓠首集》卷三："有人送楷杷于沈石田，误写琵琶。石田答书云：'承惠琵琶，开奁视之，听之无声，食之有味。乃知司马挥泪于江干，明妃写怨于塞上，皆为一啖只需耳。嗣后觅之，当于杨柳晓风、梧桐夜雨之际也。'"

（4）《聊斋志异 嘉平公子》："一日，公子有谕仆贴，置案上，中多错谬：'椒'讹'菽'，'美'讹'江'，'可恨'讹'可浪'。女见之，书其后云：何时可浪，花菽又生江；有婿如此，不如为娼。"

例（3）（4），沈石田援引的"琵琶"，"女"援引的"可浪""花菽""生江"，意在用这种错讹百出的语言去讽刺和取笑。《红楼梦》第二十回有这样一段文字：

（5）二人正说着，只见湘云走来，笑道："二哥哥，林姐姐，你们天天一处顽，我好容易来了，也不理我一理儿。"黛玉笑道："偏是咬舌子爱说话，连个'二'哥哥也叫不出来，只是'爱'哥哥'爱'哥哥的。回来赶围棋儿，又该你闹'幺爱三四五'了。"湘云笑道："这一辈子我自然比不上你。我只保佑着明儿得一个咬舌的林姐夫，时时刻刻你可听'爱''厄'去。阿弥陀佛，那才现在我眼里！"说的众人一笑，湘云忙回身跑了。

例（5），所有点出的"爱"字，都是"二"的转音，当然，最后一个"爱"字的含义已有所不同。正是因为黛玉听了湘云的咬舌头，将"二"说成"爱"，故意将错就错戏弄湘云，才引起了这场舌战，最后遭到了湘云的反击。

# 第二节　互文

所谓"互文"辞格，也叫"互辞"，这种辞格是古诗文中常采用的一种修辞方式。古文中常见到的解释是——"参互成文，含而见文。"具体地说，该类辞格是这样一种互辞形式——上下两句或一句话中的两个部分，表面是在叙说两件事，而实际上则是互相呼应，互相解释，互相补充，其实还是论说的一件事。通俗地说，就是由上下文意互相交错，互相解释，互相补充，相辅相成，旨在表达一个完整的意思。

我们在使用"互文"辞格时需要特别注意，有时候"互文"辞格，在语言形式上只交代一方，而从意义上看则是彼此互见的。因此，在解读时，不光要瞻前，还得顾后，不能偏向哪一方，也不能把它割裂开来进行解读。只有这样，我们才容易正确、全面地把握这类句子的真正含义。概括而论，"互文"一般有四种类型。

**（一）句内互文**

所谓"句内互文"，指的是在同一句子中，前后两个词语在意义上相互补充，相互解释。如：

（1）烟笼寒水月笼沙。（杜牧《泊秦淮》）

例（1），此句可解释为——"烟雾笼罩着寒水也笼罩着沙；月光笼罩着沙也笼罩着寒水。"若将此句译作："烟雾笼罩着寒水，月光笼罩着沙"，那就大错特错了，意思怎么也讲不通。

（2）秦时明月汉时关。（王昌龄《出塞》）

例（2），本句从语言表层来看，"秦时明月汉时关"是"秦时明月照耀着汉时关塞"的意思。但不能理解成"月亮还是秦时的月亮，边关还是汉朝的边关"，而应译作：秦汉时的明月和秦汉时的边关。句中的"秦""汉""关""月"四字是交错使用的。理解为"秦汉时的明月照耀秦汉时的关塞"。即"明月依旧，关塞依旧，却物是人非"。更让人感受到战争的残酷和悲惨。

**（二）藕句互文**

所谓"藕句互文"，是指在同一联中，"对句"中含有"出句"已经出现的词，"出句"里含有"对句"将要出现的词，两个藕句的意义相互补充和解释。如：

（3）开我东阁门，坐我西阁床。（《木兰诗》）

例（3），此句也是一个"互文句"，完整的句子是"开我东阁门，坐我西阁床；脱我战时袍，著我旧时裳。"这一句写出了木兰从军十二年后，她凯旋时看到旧物的那种喜悦与激动。

（4）当窗理云鬓，对镜帖花黄。（《木兰诗》）

例（4），这两句也为"互文"，当窗亮敞，对镜顾影是理云鬓，贴（"帖"通"贴"）花黄的共同条件，意指"当窗、对镜理云鬓贴花黄"。

（5）"将军百战死，壮士十年归。"（《木兰诗》）

例（5），按语言表层的意思是——"将军经历千百次的战斗而后战死沙场，壮士从军十年凯旋。"这就不能不使人产生疑惑，为什么死去的都是将军，而归来的都是壮士呢？事实上，"将军"和"壮士"，"百战死"和"十年归"是互相渗透，互相说明，在意义上相互补充和解释。

（6）明月别枝惊鹊，清风半夜鸣蝉。（《西江月·夜行黄沙道中》）

例（6），诗中"惊""鸣"互文，正确的解释为——"（半夜里）明月升起，惊飞了树上的乌鹊，惊醒了树上的眠蝉；轻拂的夜风中传来了鸟叫声和蝉鸣声。"

（7）将军角弓不得控，都护铁衣冷难着。岑参（《白雪歌送武判官归京》）

例（7），这两句中"将军角弓"和"都护铁衣"为互文，应解释为——"将军和都护的角弓都无法张开，铁甲冷得无法穿上。"

**（三）隔句互文**

所谓"隔句互文"，是指两个互文句之间，有其他句子相隔的互文格式。如：

（8）十旬休假，胜友如云；千里逢迎，高朋满座。（王勃《滕王阁序》）

例（8），本句中的"十旬休假"和"千里逢迎"是隔句，"胜友如云"和"高朋满座"是互文。"胜友""高朋""如云""满座"相互交错，补充说明。应理解为——"胜友如云，胜友满座；高朋满座，高朋如云。"

**（四）排句互文**

所谓"排句互文"，指的是构成互文的句子有两句以上，而且是互相解释、互相补充，旨在表达完整的意思。如《木兰辞》中的"东市买骏马，西市买鞍鞯，南市买辔头，北市买长鞭"。

概括而言，"互文"辞格的特征是"文省而意存"，主要表现在以下两个方面：

其一，结构特征——互省。如"将军百战死，壮士十年归"，句前部分省去"壮士"，句后部分省去"将军"，"将军"与"壮士"分置，前后补充。

其二，语义特征——互补。如："当窗理云鬓，对镜帖花黄"，木兰对着窗户，已包含对着镜子，"理"和"帖"两个动作是在同一情境中进行的。

古文中"互文"的经典例子很多，如：

（9）朝晖夕阴（意思是"朝晖夕阴"和"朝阴夕晖"。"朝"和"夕"、"晖"和"阴"是互文。）（范仲淹《岳阳楼记》）

（10）不以物喜，不以己悲。（意思是不因"物"〔所处环境〕或"己"〔个人遭遇〕而喜，也不因"物"或"己"而悲。）（范仲淹《岳阳楼记》）

（11）千里冰封，万里雪飘。（意思是"千万里冰封冻，千万里雪花飘。""千里"和"万里"是互文。）（毛泽东《沁园春·雪》）

（12）日月之行，若出其中；星汉灿烂，若出其里。（"日月之行"与"星汉灿烂"互文）（曹操《观沧海》）

（13）大漠沙如雪，燕山月似钩。何当金络脑，快走踏清秋。（"大漠"与"燕山"互文）（李贺《马诗》）

（14）主人下马客在船，举酒欲饮无管弦。（白居易《琵琶行》）

（15）受任于败军之际，奉命于危难之间。（受任于"败军之际"和"危难之间"）（诸葛亮《出师表》）

（16）居庙堂之高则忧其民，处江湖之远则忧其君。（无论"居庙堂之高"还是"处江湖之远"都"忧其民""忧其君"）（范仲淹《岳阳楼记》）

（17）悍吏之来吾乡，叫嚣乎东西，隳（huī）突乎南北。（柳宗元《捕蛇者说》）

（18）燕赵之收藏，韩魏之经营，齐楚之精英。（杜牧《阿房宫赋》）

（19）枝枝相覆盖，叶叶相交通。（汉乐府《孔雀东南飞》）

（20）杀人如恐不举，刑人如恐不胜。（司马迁《史记·项羽本纪》）

# 第三节　通感

"通感"修辞格又叫"移觉"，就是在描述客观事物时，用形象的语言使感觉转移，将人的听觉、视觉、嗅觉、味觉、触觉等不同感觉互相沟通、交错，彼此挪移转换，将本来表示甲感觉的词语移用来表示乙感觉，使意象更为活泼、新奇的一种修辞格。

进一步讲，通感就是把不同感官的感觉沟通起来，借联想引起感觉转移，"以感觉写感觉"。文学艺术创作和鉴赏中各种感觉器官间的互相沟通。指视觉、听觉、触觉、嗅觉等等各种官能可以沟通，不分界限，在通感中，颜色似乎会有温度，声音似乎会有形象，冷暖似乎会有重量。如说"光亮"，也说"响亮"，仿佛视觉和听觉相通，如"热闹"和"冷静"，感觉和听觉相通。用现代心理学或语言学的术语来说，这些都是"通感"。

关于"听声类形"。马融《长笛赋》："尔乃听声类形，状似流水，又像飞鸿。"（《文选》）这样的通感是从《左传》襄公二十九年季札闻乐来的："为之歌《大雅》，曰：'广哉，熙熙乎，曲而有直体。'"杜预注："论其声。"按在"曲而有直体"下又称"曲而不屈"。孔颖达正义："季札或取于人，或取于物，以形见此德。每句皆下字破上字而美其能不然也。……物有曲者失于屈桡，此曲而能不屈也谓王者曲降情意，以尊接下，恒守尊严，不有屈桡。"此则听《大雅》之乐声，有类于王者以尊接下之形。《礼·乐记》："止如槁木，倨中矩，勾中钩，累累乎端如贯珠。"正义："止如槁木者，言音声止静，感动人心，如似枯槁之木，止而不动也。倨中矩者，言其音声雅曲，感动人心，如中当于矩也。勾中钩者，谓大屈也，言音声大屈曲，感动人心，如中当于钩也。累累乎端如贯珠者，言音声之状，累累乎感动人心，端正其状，如贯于珠。言音声感动于人，令人心想形状如此。"都是听声类形。

"听声类形"，又如嵇康《琴赋》："状若崇山，又像流波，浩兮汤汤，郁兮峨峨。"琴声有时如高山峨峨，有时如水声汤汤。如山是听声类形，如水声是听声类声。白居易《琵琶行》："大弦嘈嘈如急雨，小弦切切如私语；嘈嘈切切错杂弹，大珠小珠落玉盘；间关莺语花底滑，幽咽泉流水下滩。水泉冷涩弦凝绝，凝绝不通声渐歇。别有幽愁暗恨生，此时无声胜有声。银瓶乍破水浆迸，铁骑突出刀枪鸣。曲终收拨当心画，四弦一声如裂帛。"这里用急雨声、私语声、珠落玉盘声、莺语声、幽咽泉声、银瓶破裂声、刀枪相击声、裂帛声来比琵琶声，是以声类声。按《吕氏春秋·本味》："伯牙鼓琴，钟子期听之，方鼓琴而志在太山，钟子期曰：'善哉乎鼓琴，巍巍乎若太山'。少选之间，而志在流水。钟子期又曰：'善哉乎鼓琴，汤汤乎若流水。'"说琴声如太山，是听声类形；说琴声如流水声，是听声类声。钟子期说像太山时，心目中有太山的形象；说"汤汤乎若流水"时，耳中既有流水声，眼中也有流水形，所以在以声类声时兼有以声唤起流水形的感觉。因此，在急雨声、私语声、珠落玉盘声、莺语声、幽咽泉声、银瓶破裂声、刀枪相击声、裂帛声里也会唤起各种形象，像急雨、私语、珠落玉盘直到刀枪相击和裂帛的形象，即在以声类声中也会唤起以声类形，即听觉通于视觉了。再像"莺语花底滑"的"滑"和"水泉冷涩"的"冷涩"是触觉，即听觉通于触觉了。"幽咽泉流水下滩"的"幽"是感觉，是听觉通于感觉了。

这种以声类声，又能唤起别的形象的，《文心雕龙·比兴》称："王褒《洞箫（赋）》云：'优柔温润，如慈父之畜子也。'此心声比心者也；马融《长笛（赋）》云：'繁缛络绎，范（睢）蔡（泽）之说也。'此以响比辩者也。"这里把箫声的柔和，比慈父畜子，笛声的繁响，比辩士游说，也是以声类声，但同时又唤起慈父畜子和辩士辩论的形象。

韩愈《听颖师弹琴》："昵昵儿女语，恩怨相尔汝。划然变轩昂，勇士赴敌场。浮云柳絮无根蒂，天地阔远随飞扬。喧啾百鸟群，忽见孤凤凰。跻攀分寸不可上，失势一落千丈强。""儿女语"是以声类声，又唤起儿女谈情。"勇士赴敌场"，是以声类形了。浮云柳絮的飞扬，既指琴音的纵横变态，更是以声类形。从百鸟的喧啾到忽见孤凤凰，是类声和类形的结合。"跻攀分寸不可上"到"失势一落千丈强"，可以和"上如抗，下如坠"印证，指肌肉通于肌肉运动觉：随着声音的上下高低，身体里起一种"抗""坠""攀""落"的感觉。

　　李贺《李凭箜篌引》："昆山玉碎凤凰叫，芙蓉泣露香兰笑。十二门前融冷光，二十三弦动紫皇。"这里的"玉碎凤凰叫"，是以声类声，但也可以唤起形象。王琦注："玉碎状其声之清脆；凤叫，状其声之和缓。"又称："蓉泣，状其声之惨淡。兰笑，状其声之冶丽。"就是以声类形了。又注"融冷光"："言其声能变易气候。"注"动紫皇"："言其声能感动天神。"是听觉通于触觉与感觉了。

　　通感还有曲喻的作用。曲喻是由一个比喻转到另一种感觉。韩愈《和水部张员外宣政衙赐百官樱桃诗》："香随翠笼擎初到，色映银盘写未停。"樱桃是红的，说它香，是视觉通于嗅觉。但樱桃并不香，这个香是从它像红花，由红花唤起的香。又韩愈《南山》诗："或竦若惊雉（雉鸣）"，"或背若相恶，或向若相佑"，这就把眼中所看到的石头，由竦立象雉，由雉引出雉鸣来，即曲喻，也即视觉通于"惊雉"的听觉。有的石头相"背"或相"向"，由相背或相向引出"相恶"或"相佑"来，是曲喻，也即视觉通于"相恶""相佑"的感觉。石头不会发声或相恶相佑，通过通感，打通了视觉与听觉感觉的界限。

　　宋祁《玉楼春》词："红杏枝头春意闹"，李渔《窥词管见》七则："此语殊难着解。争斗有声之谓'闹'，桃李争春则有之，红杏'闹'春，予实未之见也。"王国维《人间词话》七："'红杏枝头春意闹'。著一闹字而境界全出。"说"境界全出"表示写出了作者的感情，即感到春意的蓬勃。钱钟书在《通感》中指出："用'闹'字，是想把事物的无声的姿态描摹成好像有声音，表示在视觉里仿佛获得了听觉的感受。"这就是通感。通感要求的是全身心地去感知生活，或审美对象，从而捕捉到完整的艺术形象。

# 第四节　白描

　　所谓"白描"辞格，是指用朴素简练的文字描摹形象的一种修辞手法。"白描"原本是中国画技专业用语，具体指单用墨色线条勾描形象而不藻修饰与渲染烘托的画法；后来"白描"才被借用到文学创作中，并成为文学表现手法之一。在文学创作上，"白描"作为一种修辞手法，具体指用最简练的笔墨，不加渲染，去描画鲜明生动的形象。我国优秀的古典小说像《水浒传》《三国演义》等多用"白描"的手法；现当代文学作品，像鲁迅先生的作品中也经常使用"白描"手法。

　　"白描"辞格作为中国文学中为群众所喜闻乐见的传统修辞手法。鲁迅的小说是"白描"的典范。鲁迅曾说："白描却没有秘诀。如果要说有，也不过是和障眼法反一调：有真意，去粉饰，少做作，勿卖弄而已。"（《作文秘诀》）鲁迅被誉为"白描圣手"，他的作品不愧是白描的杰作。他在《我怎么做起小说来》一文中说："我力避行文的唠叨，只要觉得够将意思传给别人了，就宁可什么陪衬拖带也没有。中国旧戏上，没有背景，新年卖给孩子看的花纸上，只有主要的几个人，我深信对于我的目的，这方法是适宜的，所以我不去描写风月，对话也决不说到一大篇。"这是他在小说创作中成功运用白描手法的经验之谈。

　　纵观中国古代和现当代的文学作品，"白描"辞格不仅运用于小说的描写中，还经常运用于散文、诗词的创作中。使用这种修辞手法去刻画人物，要求作者紧紧抓住人物所处的特定环境及人物的个性、经历、言行的突出之点，用简洁的语言进行描写，以表现人物的个性特征。在作品中，作者有时用白描勾勒人物肖像，如峻青的《黎明的河边》。作者对年轻战士小陈的肖像作了如下的描写——"他长得很矮，看样子顶多也不过十八岁。圆的脸，大眼睛，下巴上有一道细长的疤痕，显然是子弹掠过时留下的纪念。"作者将战士小陈的体态特征与战斗中留下的伤痕联结起来描写，以突出表现他的勇敢精神。白描的人物肖像，在鲁迅小说中比比皆是，如对阿 Q、祥林嫂、闰土等的描述。不仅如此，有时还有用白描叙述人物的身世，如《孔乙己》中，作者对孔乙己身世的介绍——"孔乙己原来也读过书，但终于没有进学，又不会营生；于是愈过愈穷，弄到将要讨饭了。幸而写得一笔好字，便替人家抄抄书，换一碗饭吃。可惜他又有一样坏脾气，便是好喝懒做。"作者抓住他"没有进学""不会营生""好喝懒做"的性格特点，来揭示封建科举制度对他的毒害所造成的悲惨遭遇。有时，还可用白描手法描述人物对话与行动细节，以表现人物性格。在《三国演义》"曹操煮酒论英雄"这一回中，作者写曹操担心日后刘备可能成为与他争夺天下的劲敌故意在饮酒之际对刘进行试探，问他谁是当世英雄？刘备此时正寄居曹操处，深怕曹操识破他夺取天下的雄心，对曹所问，故施韬晦之计，先是推托不知，继而是"王顾左右而言他"，但当曹操指明："今天下英雄，惟使君与操耳。"他闻言吃了一惊，将手中匙箸，掉落于地。"时正值天雨将至、雷声大作。玄德乃从容俯首拾箸曰：'一震之威，乃至于此。'"巧妙地借雷声惊心将闻言失箸的缘故，轻轻掩饰过去，表现了刘备善于应变的性格。再如明朝张岱的《湖心亭看雪》描写雪景的句子——雾凇沆砀，天与云与山与水、上下一白。湖上影子，惟长堤一痕，湖心亭一点，与余舟一芥，舟中人两三粒而已。这种语言完全采用了不加雕饰的"白描"修辞手法，使被表达的人和事物给人以更加亲切、更加真实的感受。

## 第五节　摹绘

所谓"摹绘"辞格，该辞格应该源于绘画中的描绘，描绘即依样绘制。清代薛福成《出使四国日记·光绪十七年正月十一日》——"彼所推重者，必画耶苏与耶苏之母及教门诸人，余不甚知其妙。虽摹绘各状，务竭精能，然究嫌数见不鲜。"郭沫若《中国史稿》第三编第三章第二节——"早在并灭六国的过程中，秦始皇就令人把各国宫殿的图样摹绘下来，在咸阳照样修建。"摹绘，修辞格之一，也称摹状、摹写。能把客观对象的声情状貌描绘得具体可感，真切动人，被广泛指运用语言手段描摹事物的声音、色彩、气味、情状等。如《西游记》第四十回描写红孩儿所住号山的景象：

（1）高不高，顶上接青霄；深不深，涧中如地府。山前常见骨都都白云，扢腾腾黑雾。红梅翠竹，绿柏青松。山后有千万丈挟魂灵台，台后有古古怪怪藏魔洞，洞中有叮叮当当滴水泉，泉下更有弯弯曲曲流水涧。又见那跳天搠地献果猿，丫丫叉叉带角鹿，呢呢痴痴看人獐。至晚巴山寻穴虎，待晓翻波出水龙。登得洞门唿喇的响，惊得飞禽扑鲁的起，看那林中走兽鞠律律的行。见此一伙禽和兽，吓得人心扢磴磴惊。堂倒洞堂堂倒洞，洞堂当倒洞当仙。青石染成千块玉，碧纱笼罩万堆烟。

如《水浒传》第三回描写鲁智深拳打镇关西的情景：

（2）扑的只一拳，正打在鼻子上，打得鲜血迸流，鼻子歪在半边，却便似开了个油酱铺，咸的、酸的、辣的一发都滚出来。郑屠挣不起来，那把尖刀也丢在一边，口里只叫："打得好！"鲁达骂道："直娘贼！还敢应口！"提起拳头来就眼眶际眉梢只一拳，打得眼棱缝裂，乌珠迸出，也似开了个彩帛铺，红的、黑的、紫的都绽将出来。两边看的人惧怕鲁提辖，谁敢向前来劝。鲁提辖拳打镇关西　鲁提辖拳打镇关西郑屠当不过，讨饶。鲁达喝道："咄！你是个破落户！若只和俺硬到底，洒家倒饶了你！你如今对俺讨饶，洒家偏不饶你！"又只一拳，太阳上正着，却似做了一个全堂水陆的道场，磬儿、钹儿、铙儿一齐响。鲁达看时，只见郑屠挺在地上，口里只有出的气，没了入的气，动掸不得。

再如《红高粱》描写奶奶中弹倒地后的情状：

（3）奶奶注视着红高粱，在她的眼睛里，高粱们奇谲瑰丽，奇形怪状，它们呻吟着，扭曲着，呼号着，缠绕着，时而像魔鬼，时而像亲人，它们在奶奶眼里盘结成蛇样的一团，又呼喇喇地伸展开来，奶奶无法说出它们的光彩了。它们红红绿绿，白白黑黑，蓝蓝绿绿，它们哈哈大笑，它们嚎啕大哭，哭出的眼泪像雨点一样打在奶奶心中那一片苍凉的沙滩上。

总体而言，"摹绘"辞格的类型主要有：（1）摹状。摹状就是描摹感觉到的状态、境况、情形。如：古古怪怪藏魔洞。呢呢痴痴看人獐。（2）摹形。摹形就是描摹视觉感受到的形状、样式。如：丫丫叉叉带角鹿。弯弯曲曲流水洞。（3）摹色。摹色就是描摹将物品的颜色。如：也似开了个彩帛铺，红的、黑的、紫的都绽将出来。（4）摹味。摹味就是描摹嗅觉味觉感知。如：却便似开了个油酱铺，咸的、酸的、辣的一发都滚出来。（5）摹声。摹声就是描摹声音。如：洞门嗯喇的响，飞禽扑鲁的起。

# 第六章　辞格之六

本章主要探讨汉语修辞格中的"分承""呼告""列锦""用典"和"析字"，这几类辞格也较为常用。

## 第一节　分承

所谓"分承"辞格一般又称作"合叙"，就是同时将两件或几件事情放到一起去描述，后面再承接，这样就显得简洁明快，而且还能使文气更为畅通。"分承"既可以看成是一种"修辞手法"，同时也可视为一种"写作手法"。这种"合二为一"的表达方法，也就是把本来分开使用的两个短语或两个句子，合并组成为一个短语或句子。注意合并时，一般把相同的句子成分放在一起"并提"（因此有人也称此为"并提"或"合叙"）。形式上为合二为一，但在解读时要"一分为二"地去理解，即还原成两个短语或句子来进行解读。 如：

（1）自非亭午夜分不见曦月。（《三峡》）

例（1）直译应该是——"如果不是正午和半夜，就看不见太阳和月亮。"但其实应该译为——"如果不是正午，就看不到太阳；如果不是半夜，就看不到月亮。"才正确。

按照结构来看，"分承"（并提）辞格有以下几种类型。

### （一）偏正式

偏正式是指并提成分出现于修饰语，分承成分出现于中心语的逆序分承。如：

（2）观鸟兽之毛羽，毛羽之采色，通可为乎？（《论衡·自然篇》）

（3）九月，沛令欲以沛应；掾主吏萧何曹参曰："君为秦吏，今欲背之，帅沛子弟，恐不听。"（《汉书·高帝纪》）

例（2）中，"鸟兽之毛羽"是一个偏正结构，其意为"鸟之羽，兽之毛"；

例（3）中，"掾主吏萧何曹参"也是一个偏正结构，曹参为掾，萧何为主吏。再如：

（4）遑遑尔竞一时之虚誉，规死后之余荣；偶偶尔顺耳目之观听，惜身意之是非。（《列子·杨朱》）

（5）虽有巧目利手，不如拙规矩之正方圜也。（《管子·法法》）

例（4）中，"耳目之观听"是"耳之听，目之观"的合叙；例（5）中，"规"与"圜"、"矩"与"方"分别对应。

**（二）动宾式**

动宾式是指并提成分为动词，分承成分为宾语的逆序分承。如：

（6）司民掌登万民之数，自生齿以上皆书于版，辨其国中与其都鄙及其郊野，异其男女，岁登下其死生。（《周礼·秋官司寇》）

（7）司士掌群臣之版，以治其政令，岁登下其损益之数。（《周礼·夏官司马》）

例（6）中，郑玄注曰："登，上也。……版，今户籍也。下犹去也。每岁更著生去死。""登"支配"生"、"下"支配"死"。例（7）中，"登下""版"等义同前，"损益"，《郑注》为："谓用功过黜陟者。""登下其损益之数"，意为"登其益之数，下其损之数"。

**（三）主谓式**

主谓式是指并提成分为主语（或主语的一部分），分承成分为谓语（或谓语的一部分）的逆序分承。例如：

（8）《雄雉》，刺卫宣公也。淫乱不恤国事，军旅数起，大夫久役，男女怨旷，国人患之而作是诗。（《诗经·邶风·雄雉序》）

（9）元中享，诏南京张安道陪祠，……后见张公表到，悉用余文，独表内有一句云："邪正昭明"，改之云："民物阜安"，意不欲斥人为邪也。（宋张耒《明道杂志》）

以上两例用于简单的主谓结构中。例（8）中，"怨旷"与"男女"交错相应，《毛传》："国人久处军役之事，故男多旷，女多怨也。男旷而苦其事，女怨而望其君子。"《正义》："男既从役于外，女则在家思之，故云男女怨旷。上二章，男旷之辞。下二章，女怨之辞。"例（9）中，"民物阜安"同样是主谓交错对应。下面的例子相对复杂：

（10）行事，雷击杀人，水火烧溺人，墙屋压填人。如曰雷击杀我，水火烧溺我，墙屋压填我，子路颇信之……（《论衡·问孔篇》）

（11）存亡在虚实，不在于众寡。（《韩非子·安危》）

（12）善恶之行，祸福所归。（《颜氏家训·归心篇》）

（13）掌交掌以节与币巡邦国之诸侯及其万民之所聚者，道王之德意志虑，使咸知王之好恶，辟行之。（《周礼·秋官司寇》）

（14）延寿闻之，对掾吏涕泣，遣吏医治视，厚复其家。（《汉书·韩延寿传》）

例（10）中，"烧溺"与"水火"对应，其后分别带有宾语"人"与"我"。例（11）中，"虚实"充当"在"的宾语，与"存亡"对应。"虚实"指国家实力的弱与强。例（12）"善恶"与"祸福"分别是主语和谓语的修饰语。例（13）中，《郑注》："辟，读如辟忌之辟。使皆知王之所好者而行之，知王所恶者辟而不为。"例（14）中，《颜注》："遣医治之而吏护视之。""吏医"属兼语。下面的例子并提成分和分承成分均为名词性的，但其句法关系是主谓：

（15）若其不捷，表里山河，必无害也。（《左传·僖公二十八年》）

例（15），按照晋代杜预注："晋国外河而内山也。"意即表有河、里有山也。

**（四）联合式**

联合式是指并提成分与分承成分分别出现于一个联合结构的前后两部分中的逆序分承。如：

（16）古者有姑布子卿，今之世，梁有唐举，相人之形状颜色而知其吉凶妖祥，世俗称之。（《荀子·非相》）

（17）农有常业，女有常事。一农不耕，民有为之饥者；一女不织，民有为之寒者。饥寒冻饿，必起于粪土。（《管子·揆度》）

（18）哭泣谛号，是吉凶忧愉之情发于声音者也。（《荀子·礼论》）

例（16）中，"吉凶妖祥"前后逆序对应；例（17）中，"饥寒冻饿"；例（18）中，"吉凶忧愉"亦属联合结构。

**（五）紧缩式**

在调查中，我们还见到部分由复句凝缩而成小句的逆序分承形式。如：

（19）古之贤君，温饱而能知民之饥寒。（《北堂书钞》卷156）

（20）君臣有道则忠惠，父子有道则慈孝，士庶有道则相爱。（《文子·道德》）

例（19）的内容在《晏子春秋》中用分述式表达——"饱而知人之饥，温而知民之寒。""温饱"与"能知民之饥寒"是条件关系。例（20）"君臣有道则忠惠"亦属条件关系，"君"与"惠"，"臣"与"忠"对应。同样的意思在《墨子》中作——"君臣相爱则惠忠。父子相爱则慈孝"，用的是循序分承。

# 第二节　呼告

所谓"呼告"辞格，指的是作者在行文中直接呼唤文中的人或物的一种修辞格。即作者对原本不在眼前的人或物进行直接呼唤，而且还跟他们交流。"呼告"辞格，按照内容可分为呼人、呼物两种类型。运用"呼告"辞格的好处在于：便于直接抒发作者强烈而丰富的思想感情，增强语言的感染力，进而容易打动读者并能引起读者强烈的思想共鸣。"呼告"又称"顿呼""突呼"，指的是在说话或写作的过程中，当说写者叙述某人或某物时，因感情过度激动，突然忘记了听众或者读者，而直接和所叙述的人或物进行交流的一种修辞格。

当作者提笔书写时，面对不在眼前的人或物直接"呼唤"，并且跟他们直接交流，这种修辞手法叫做"呼告"。当说话人对听话人叙述一件事情时，有时感情达到一种忘我的境界，这时说话人完全忘记了听话人的存在，直接与叙述中的人或物进行直接对话，并直接呼唤他们，向他们倾诉情感，向他们表达思想，这种修辞手法也叫"呼告"。可见，"呼告"有两种情况，但需注意的是，"呼告"这种修辞格，必须是在说话人情绪激动，并且不吐不快的情况下才适合运用，否则会被认为"无病呻吟"，这样反而得到的是负面效果。

由于"呼告"常常和"比拟""示现"结合在一起使用，因而带有"比拟"和"示现"的特征，所以"呼告"又可以分为"比拟呼告"和"示现呼告"两大类型。

## （一）比拟呼告

所谓"比拟呼告"，指的是将物拟作人，然后直接与它们交流，即叙说者直接与事物交流。如：

（1）你，你东君，你是什么个东君？别人说你是太阳神，你，你坐在那马上丝毫也不能驰骋。你，你红着一个面孔，你也害羞吗？啊，你，你完全是一片假！你，你这土偶木梗，你这没心肝的，没灵魂的，我要把你烧毁，烧毁，烧毁你的一切，特别要烧毁你那匹马！你假如是有本领，就下来走走吧！（郭沫若《屈原》）

例（1）中，"东君"是古代传说中的一种神，此例中的"东君"则是一个木偶。屈原曾被上官大夫迫害，并被囚禁在东皇太一庙，当时庙里有造木偶——东君的神像。屈原本来无辜被诬陷，内心就很悲痛，于是便借着偶木来发泄自己内心的不满。这种将物当作人，把事物人格化，直接对着事物指责，向事物怒吼，直接与事物交流，这样就将诗人当时的愤懑之情表现得淋漓尽致，这种修辞格就属于"比拟呼告"。

（2）震荡的车里，我只向后攀着小圆窗看看。弯曲的道儿，跟着车走来，愈引愈长。树木，村舍，和田陇，都向后退曳了去，只有西山峰上的晚霞不动。（冰心《往事·十二》）

例（2）中，在车里她们捉对儿谈心，我与晚霞直接交谈。——"晚霞，我不配和你谈心，但你总可容我瞻仰。"

**（二）示现呼告**

所谓"示现呼告"，指的是将过去的、未来的或想象中的人当作现实存在的、好像就在眼前的人进行直接交流，向他们发出呼唤，向他们倾诉思想和情感。如：

（3）却说那长老在洞里悲啼，思量他那徒弟。眼中流泪道："悟能啊，不知你在那个村中逢了善友，贪着斋供；悟净啊，你又不知在那里寻他，可能得会？岂知我遇妖魔，在此受难！几时得会你们，脱了大难，早赴灵山！"（《西游记》）

例（3）中，唐僧师徒几人去西天取经，唐僧屡被妖魔所降，每次都是靠徒弟们营救才幸免于难。这一回他又被妖魔捉去了，心里悲伤，盼望徒弟们来救自己。在唐僧被捉之前，猪八戒去化斋，沙僧见猪八戒许久没回来，便又出去寻找，结果唐僧被妖怪捉去了。被抓的唐僧心里害怕，默默地呼唤两位徒弟，希望他们能早些来救自己。唐僧对不在眼前的二位徒弟说话，呼唤他们，希望他们获知自己的消息，这也是一种"示现呼告"。

（4）知客引了智深直到方丈，解开包裹，取出书来，拿在手里。清长老读罢来书，便道："远来僧人且去僧堂中暂歇，吃些斋饭。"清长老唤集两班许多职事僧人，尽到方丈，乃言："汝等众僧在此，你看我师兄智真禅师好没分晓。这个来的僧人，原来是经略府军官，为因打死了人，落发为僧。二次在彼闹了僧堂，因此难着他。你那里安他不的，却推来与我。待要不收留他，师兄如此千万嘱付，不可推故；待要着他在这里，倘或乱了清规，如何使得？"（《水浒传》）

例（4），在《水浒传》中，鲁智深打死郑屠户，出家五台山，哪知在五台山又弄出事来，容不得身了，便拿着智真长老的推荐信到东京大相国寺要求智清长老收留。智清长老看完信后，便召两班职事僧说话。在说到鲁智深老是惹是生非时，他非常担忧，便撇开两班职事僧，转向师兄智真僧人抱怨，抱怨师兄给了他一个难题："你那里安他不的，却推来与我。""你"即指当时并不在场的智真师兄。这种与不在眼前的人谈话的写法也是"示现呼告"修辞格。再如：

（5）硕鼠！硕鼠！无食我黍。（《诗经·硕鼠》）

（6）鼓动吧，风！咆哮吧，雷！闪耀吧，电！（《雷电颂》）

# 第三节　列锦

所谓"列锦"辞格，又称"列词"。这种辞格最早见于陈望道先生的《修辞学发凡》一书。这里所说的"列锦"，指的是全部用名词或名词性短语，通过选择和重组，巧妙地排列在一起，形成生动且可感知的"图像"，这样做的目的是，用来烘托气氛，制造意境，表达特殊的思想和情感。这种修辞格具有独特的表现力和表达效果。

"一去二三里，烟村四五家，亭台六七座，八九十枝花"是家喻户晓的诗句，"烟村""人家""亭台""鲜花"作为四种景物，各自成景，但作者将它们直接排列在一起，起到了特殊的表达效果，即创设出一幅淡雅幽美的田园风景图，具有深远的意境，同时也表达出作者对大自然的无比热爱之情。"星河秋一雁，砧杵夜千家"也是一名句。作者将"星河""秋雁""砧杵""千家"几个意象排列成诗，犹如绘制出一幅人间与自然和谐共生的美景图，给人以美的极高享受。名句——"鸡声茅店月，人迹板桥霜。"则是将十个纯名词组合在一起，共同构成六个意象，映衬出商山黎明之前的一幅完美的图景——"残月高悬，雄鸡清声；茅房客舍，思归心切的客人很早起来赶路，谁知板桥横渡，冷霜冽冽，一行足印。"

再如"今宵酒醒何处？杨柳岸，晓风残月。"一句，作者完全抛开了"愁、怨、相思"之类的字眼，也没有借助"比喻、夸张"等修辞格，而是选择了"杨柳岸"这个颇能惹人深思回味的场景，通过"晓风""残月"这两个色调，共同制造出鲜明强烈的对比和呼应效果，令人获得特殊的审美愉悦感，并不自觉地进入一个朦胧、深远、神秘的艺术境界。

综上，运用"列锦"辞格，往往能收到好的修辞效果。在汉语中，特别是在古代汉语中"列锦"的例子很多，如"落叶他乡树，寒灯独夜人""乱山残雪夜，孤烛异乡人""枯藤老树昏鸦，小桥流水人家，古道西风瘦马""三十功名尘与土，八千里路云和月""楼船夜雪瓜洲渡，铁马秋风大散关""骏马秋风塞北，杏花春雨江南"等。

# 第四节　用典

所谓"用典"辞格，指的是通过引用古籍中的故事、诗词语句，来表达一种丰富含蓄的思想和情感。"用典"辞格在古人笔下尤为常见，古人甚至将"用典"作为鉴别一个文人有无学识和涵养的重要指标之一。

刘勰在《文心雕龙》里对"用典"进行了解释，该书中有"据事以类义，援古以证今"的说法。这句话的意思是"以古比今，以古证今，借古抒怀。""用典"既要师其意，还需故中求新，更须能令如己出，而不露痕迹，所谓"水中着盐，饮水乃知盐味"，才称佳作。

大致而言，"用典"的作用在于以下几点。

## （一）论说有据

作者在文章时，引用前人之言或事，以验证自己的观点。也就是刘勰在《文心雕龙》所谓——"援古证今"。如唐代李商隐的诗作——《有感》：

（1）中路因循我所长，古来才命两相妨；

劝君莫强安蛇足，一盏芳醪不得尝。

例（1）中，"蛇足"一词，引自《战国策》——"楚有祠者，赐其舍人卮酒，舍人相谓曰：'数人饮之不足，一人饮之有余，请画地为蛇，先成者饮之。'一人蛇先成，引酒且饮，乃左手持卮，右手画蛇曰：'吾能为之足。'未成，一人蛇成，夺其卮曰：'蛇固无足，子安能为之足'，遂饮其酒"。李诗以此作为引证，使立论有据可依。

## （二）表意委婉

在诗句中，当遇到不便直述者，则可借典故进行暗示，这种用婉转的手法道出作者心声的修辞手法，就是所谓的"据事以类义"。如苏东坡在《仇池石》一诗中，就是借蔺相如"完璧归赵"之典故，委婉表达了自己的心声，这样来表达就不致令人难堪。《唐诗纪事》中的有一句——"宁王李宪见卖饼者之妻明艳动人，而强娶为妾，且十分宠爱。翌年，宁王问'犹忆饼师否？'其妻颔首。宁王召饼师进府，其妻面对故夫，泪流满颊，凄婉欲绝。时有十余文士在座，意皆感动，宁王命做诗以记其事。"如王维诗：

（2）莫以今时宠，而忘旧日恩；

看花满眼泪，不共楚王言。

此诗借春秋息夫人这个典故，用来表达女人之坚贞，使宁王深受感动，而让其与故夫团聚。

### （三）言简意赅

众所周知，诗句的结构，应力求经济，尤其近体诗有其一定的字数要求，"用典"往往能达到以简驭繁的目标。如：

（3）莫恃金汤忽太平，草间霜露古今情；

空糊赪壤真何益，欲举黄旗竟未成；

长乐瓦飞随水逝，景阳钟堕失天明；

回头一吊箕山客，始信逃尧不为名。（李商隐《览古》）

例（3）中，"长乐"一词是指汉代的长乐宫。《汉书》平帝纪云——"大风吹长安城，东门屋瓦飞旦尽"；"景阳钟"出自《南史》——"齐武帝数游幸，载宫人于后车，宫内深隐，不闻鼓漏，置钟于景阳楼上，应五鼓及三鼓。宫人闻声早起妆饰。""箕山客"一词出自《庄子》——"尧让天下于许由。许由曰：'天下既已治也，而我犹代子，吾将为名乎？'"又齧缺遇许由曰：'子将何之？'曰：'将逃尧。'又史记："余登箕山，其上盖有许由冢。"可见，"用典"通过极其有限的文字，将所欲表达之意，呈现在读者眼前，以达到言简意赅的目标。

### （四）内外统一

"用典"修辞格，能够使文辞妍丽，声调和谐，对仗工整，结构谨严，能增加外形之美，还能与丰富的内涵相互匹配。如：

（4）潭州官舍暮楼空，今古无端入望中；

湘泪浅深滋竹色，楚歌重叠怨兰丛；

陶公战舰空滩雨，贾傅承尘破庙风；

目断故园人不至，松醪一醉与谁同。（李商隐《潭州》）

例（4）中，"湘泪"一词，源自《述异记》——"舜帝南巡，死于苍梧。舜妃娥皇女英伤心恸哭，泪下沾竹，而竹色尽斑。""楚歌"一词指屈原"离骚""九歌"赋中，指斥令尹子兰之故事。陶公句，借当年陶侃之战功显赫，以暗讽当今之摒弃贤能。贾傅句，借贾谊祠中之蛛网尘封，风雨侵凌景象，而寓人才埋没之感，又切合潭州之地，典中情景，与诗人当时之情景，融成一体，益觉凝练警策，读后使人感叹万千。

# 第五节　析字

　　所谓"析字"辞格，指的是根据汉字的形、音、义，通过化形、谐音、衍义等手段，进行分析汉字的一种修辞格。常见的"析字"方式有"离合、增损、借形、借音、切脚、双反、代换、牵附"等。如唐代大诗人李白《永王东巡歌》——"海动山倾古月摧"，运用了"离合式"，将"胡"字析为"古""月"二字。

　　关于"析字"辞格，详细内容可参考陈望道先生的《修辞学发凡》一书。"析字"辞格充分考虑到了汉字形、音、义三个方面的紧密关系，在此基础上，通过曲折表意的方式表达作者的思想和情感，这种修辞格主要有三种情形，即"用型析字""用音析字"和"用义析字"。

　　**（一）用型析字**

　　第一，离合析字。离合析字指离合字形，即在字形结构上进行分解变化，重新组合后而得出新的字，构造出一种临时性新的意思的一种析字手法。如：

　　（1）迎春的判词：子系中山狼，得志便猖狂。金闺花柳质，一载赴黄粱。（《红楼梦》第五回）

　　例（1），孙绍祖的"孙"字被离合为"子"和"系"两个字，既表达了"你是"的意思，又有暗指孙绍祖的功能。

　　第二，增损析字。增损析字指增损字形，即增添字形的一部分或减去字形的一部分，得出一个在该语境下合理的"新生字"，以期达到某种特殊的表达效果的修辞手法。如：

　　（2）那时官客送殡的，有镇国公牛清之孙现袭一等伯牛继宗，理国公柳彪之孙现袭一等子柳芳，齐国公陈翼之孙世袭三品威镇将军陈瑞文，治国公马魁之孙世袭三品威远将军马尚，修国公侯晓明之孙世袭一等子侯孝康；缮国公诰命亡故，故其孙石光珠守孝不曾来得。（《红楼梦》第十四回）

　　例（2），通过分析得知，"柳"字用增损法，得到"卯"字；"彪"用增损法，得到"虎"字；"魁"用增损法，得到"鬼"字。作者运用增损法和谐音法，将十二地支隐喻其中。

　　第三，借形析字。借形析字指借用整个字形来进行修辞活动，但只单单假借字形，最常见的是借用字形打比方。如：

（3）你疼顾照看他们，谁敢说个不字儿？没的白便宜了外人。——"我这话也说错了；我们看着是'外人'，你却看着是'内人'一样的呢！"说着，满屋里人都笑了。赵嬷嬷也笑个不住，又念佛道："可是屋子里跑出青天来了！若说'内人''外人'这些混账原故，我们是没有的；不过是脸软心慈，搁不住人求两句罢了。"凤姐笑道："可不是呢！有'内人'的，他才慈软呢！他在咱们娘儿们跟前，才刚硬呢。"（《红楼梦》第十六回）

例（3），这里的"内人"，是指旧时男子对自己的妻子的称呼。而凤姐在这里借用"内人"作"自己人"的意思。和"外人"字面相对，所以可笑有趣。这是一种借形"析字"法。

**（二）用音析字**

第一，借音析字。

借音析字即单纯谐音，主要利用汉字同音或近音的条件，用其同音或近音字来代替本字，产生辞趣。如：

（4）（贾政）然后也念了一个与贾母猜，念道："身自端方，体自坚硬。虽不能言，有言必应。打一用物。"答案是砚台。（《红楼梦》第二十二回）

例（4），这里用"必"借作同音的"笔"，表现出砚台与比的紧密关系，含蓄、委婉。

第二，切音析字。

这种修辞方式也称作"切脚"，即利用反切上用做反切的两音的，叫切音。如称"孔"为"窟窿"就是这种用法。

**（三）用义析字**

第一，代换析字。是指换话达意的析字法。这常发现在引用的文中，是利用同义异词现象的一种修辞法。如：

（5）只因西方灵河岸上，三生石畔，有绛珠草一株。时有赤瑕宫神瑛侍者，日以甘露灌溉。（《红楼梦》第一回）

例（5），"绛珠"二字含有"赤"点"红"字，"瑕"点"病玉"，皆用代换的手法。

第二，牵涉析字。牵涉析字也称"牵连"，即随语牵涉，是指利用字义之间的相连关系，仿照现成词语临时创造一个言语新词的方法。如：

（6）黛玉笑道："再不敢了。"一面理鬓。笑道："我有奇香，你有'暖香'没有？"宝玉见问，一时解不来，因问："什么'暖香'？"黛玉点头叹笑道："蠢才，蠢才！你有玉，人家就有金配你；人家有'冷香'，你就没有'暖香'去配？"宝玉方听出来。（《红楼梦》第十九回）

例（6），"冷香"当指宝钗的"冷香丸"，但是"暖香"却是黛玉根据"冷""暖"连用，且皆指温度之意，推演而得来。

第三，演化析字。演化析字指在表达隐含的寓意时，弯弯曲曲，演述得似乎有关连，又似乎没有关连，必须细细推究才能明白的修辞手法，这就叫演化析字法。如：

（7）晴雯判词：霁月难逢，彩云易散。心比天高，身为下贱。风流灵巧招人怨。寿夭多因毁谤生，多情公子空牵念。（《红楼梦》第五回）

例（7），"霁月"的意思是"雨后出月"，演变出"晴"字；"彩云"则是成花纹的云彩，演变出"雯"字。

# 第七章　辞格之七

本章主要探讨汉语修辞格中的"互体""示现""谐音""歇后"和"复沓"，这几类辞格也较为常用。

## 第一节　互体

所谓"互体"辞格，属于旧体诗的修辞手法之一，主要指在一联的上下两句中，上下文意互相照应和补充。"互体"一般指上下文中的词语之间相互包含和照应，互相映衬，相互解释。譬如唐代诗人杜甫在《狂夫》一诗中云："风含翠筱娟娟净，雨裛红蕖冉冉香。"这句诗在描写微风中的绿竹和细雨中的红荷花时，两句互相映衬。在说风的诗句里——"风含翠筱娟娟净。"包含雨意，即"娟娟净"。在说雨的诗句里也包含风意——"雨裛红蕖冉冉香。"，即"冉冉香"。再如杨万里曾有诗云："绿光风动麦，白碎日翻池。""绿光风动麦。"一句，是说麦子在风中晃动；"白碎日翻池。"一句，则是说日光照在池子中。此诗说风的句子里含有日光，故说"绿光"；说日光的句子里也含有风，故水上有波浪能将日光翻动捣烂。

关于"互文"和"互体"的区别。我们认为，与"互体"相比，"互文"是两个词语（如"秦汉"）原本要合在一起使用，如"秦汉时明月秦汉时关"，但出于音节和字数的考虑，需要省去一个，因此前面一句省去一个"汉"字，后面一句省去一个"秦"字。但我们在解读时要把两个字（词）合起来理解。在古诗中这种用法较为常见，如《古诗十九首》中的诗句——"迢迢牵牛星，皎皎河汉女。"说牵牛星遥远，织女星明亮，也是互文，即迢迢皎皎牵牛星，皎皎迢迢河汉女。再如《木兰辞》中云——"雄兔脚扑朔，雌兔眼迷离。"扑朔状跳跃，迷离状眼睛眨动，也是互文，即雄兔脚扑朔眼迷离，雌兔眼迷离脚扑朔，因此两兔在地上跑时，雌雄难辨。

其实，不只诗中使用"互文"，文章中也常用到"互文"。如《文心雕龙·神思》中云——"子建援牍（拿起纸）如口诵，仲宣举笔似宿构。"曹植拿起纸来写犹如背熟似的，王粲拿起笔来写像早已做好似的。其实只拿纸或只拿笔是不能写作的，因此这里实际上是"子建援牍举笔"，"仲宣举笔援牍"，这种修辞手法显然也是互文。

总体而言，"互文"与"互体"相比，二者相类似但稍有不同。使用"互体"的句子，即使我们没有察觉到它是互体同样可以理解，如上文中所举诸例。与之相反，使用"互文"的句子，若不知道它使用了"互文"，有时解释起来容易出现偏差，如前文所举诗句——"秦时明月汉时关"和"雄兔脚扑朔，雌兔眼迷离"等。

# 第二节　示现

所谓"示现"辞格，也是汉语当中较常见的一种修辞方法。"示现"其实就是把实际上看不到闻不着的东西，说得如见其形、如闻其声、活灵活现。"示现"辞格可分为——追想式示现、预感式示现和悬想式示现。追想式示现，是指把过去的事情说成是当下发生的，也就是说得历历在目。预感式示现，是指把未来的事情说成是眼前发生的，即说得如同发生在眼前。悬想式示现，是指把想象中的情景，说得就和真的发生一样。

"示现"辞格，通俗地说，就是利用作者的想象力，将过去、未来或想象中不可能出现的情景用现场情景的形式展示出来，给人以现场感和真实感，进而增强语言的感染力。如《乱舞春秋》中的句子——"妖兽扰乱人间秩序，血腥如浪潮般来袭……人魔开始重出地狱，叛军如野火般攻击。"在本句中，这些妖魔横行的血腥场景，读者能通过字里行间进行体会和感受，并在脑海中逼真浮现，留下难以磨灭的印象。再如《祭魂酒》中的一句——"烽火人间，战鼓连天。远方飞燕，带来的是，狼烟。"此句描述了"兵戈扰攘"的情景。而在《黄金甲》中，"旌旗如虹，山堆叠如峰。这军队蜿蜒如龙，杀气如风，血色如酒红。将军我傲气如冲，神色悍如凶。黄金甲如忠，铁骑剽悍我行如轰"一句，则将威武勇猛的将士逼真地呈现在读者眼前。

# 第三节 谐音

所谓"谐音"辞格，指的是利用汉字同音或近音的关系，用同音或近音字来代替本字，产生独特修辞效果的一种常见修辞格。在汉语中，"谐音"最常见的是用于谜语之中。不过，"谐音"也有缺点，那就是这种辞格常常能引起交际双方的误会。由"谐音"而衍生的游戏较多，著名的如"谜语"等。如：

（1）妇人原来本姓〈倪〉，生成一个大肚子，嫁给懒汉吃酸菜，嫁给勤人吃肉鱼。猜一用具（谜底：菜坛子）

（2）邢大舅就喝了一杯，说道："……那土地道：'这墙砌的不结实。'众神将道：'你瞧去。'土地一看，果然是一堵好墙，怎么还有失事？把手摸了一摸，道：'我打量是真墙，那里知道是个"假墙"！'"众人听了，大笑起来。贾蔷也忍不住的笑，说道："傻大舅！你好！我没有骂你，你为什么骂我？快拿来罚一大杯！"（曹雪芹《红楼梦》）

（3）如今要强借房租一年，所以百姓们都把"崇祯"读做"重征"。（姚雪垠《李自成》）

例（1）属于一则"谜语"，其中"倪"谐音"泥"，因为陶瓷菜坛子是用泥做坯子烧成的；例（2），"假墙"与"贾蔷"谐音；例（3）中的"重征"，同"崇祯"谐音。在古诗里面，经常用到谐音。如：

（4）杨柳青青江水平，闻郎岸上踏歌声。东边日出西边雨，道是无晴却有晴。（刘禹锡《竹枝词》）

（5）井底点灯深烛伊，共郎长行莫围棋。玲珑骰子安红豆，入骨相思知不知。（温庭筠《杨柳枝》）

# 第四节 歇后

所谓"歇后"辞格，这一名称最早见于《旧唐书·郑綮列传》中。所谓"郑五歇后体"（一种"歇后"体诗）。但它作为一种语言形式或修辞现象，却远在先秦时期就已经出现了。如《战国策·楚策四》中的句子——"亡羊补牢，未为迟也。"此句是说，丢失了羊再去修补羊圈，还不算太晚。这就是我们今天所看到的歇后语。歇后谓隐去句末之词，暗示其义。宋叶梦得《石林诗话》卷中云："彦谦题汉高庙云：'耳闻明主提三尺，眼见愚民盗一抔。'虽是著题，然语皆歇后。"明谢榛《四溟诗话》卷一云："吴筠曰：'才胜商山四，文高竹林七。'骆宾王曰：'冰泮有衔芦。'卢照邻曰：'幽谷有绵蛮。'陈子昂曰：'衔杯且对刘。'高适曰：'归来洛阳无负郭。'李顾曰：'由来轻七尺。'唐彦谦曰：'耳闻明主提三尺，眼见愚民盗一抔。'此皆歇后。"清方以智《通雅·释诂》云："渊明诗：'再喜见友于。'杜亦用之。《到荩传》'得毋假手於贻厥乎？'六朝用盍各、则百之语，皆歇后也。"

歇后语可以分为两种类型——"谐音歇后语"和"喻意歇后语"两类。"谐音歇后语"是指，它的后一部分是借用谐音的关系表达意思，以此达到言在此而意在彼。如：

（1）孔夫子搬家——尽是书（输）

（2）腊月里的萝卜——冻（动）了心

（3）小葱拌豆腐——一青（清）二白

（4）下雨出太阳——假晴（情）

"喻意歇后语"是指，它的前一部分是比喻，后一部分是揭示前一部分的含义。如：

（5）大海里捞针——无处寻

（6）飞蛾扑火——自取灭亡

（7）大路上的电杆——靠边站（失去权力）

（8）木头眼睛——看不透（不能彻底了解）

# 第五节　复沓

所谓"复沓"辞格又叫"复唱"，源自《庄子·田子方》，这种辞格是指句与句之间可以更换少数的词语，是诗歌或散文创作中常用的一种修辞手法；它可以起到深化思想，加重感情，分清层次，增强节奏和警醒读者的修辞效果。《庄子·田子方》中云："列御寇为伯昏无人射，引之盈贯，措杯水其肘上，发之，适矢复沓，方矢复寓。"成玄英疏："沓，重也。寓，寄也。弦发矢往，复重沓前箭。"句子和句子之间可以更换少数的词语，叫"复沓"；无更换词语叫做"叠句"或"反复"。复沓句，如：

（1）"问女何所思，问女何所忆。女亦无所思，女亦无所忆。"（《木兰诗》）

现代作家朱自清在《匆匆》一文中，成功使用"复沓"进行了书写，这也可视为散文诗维持其音乐特点常用的修辞手段。所谓"言之不已，又重言之"，既显出诗人感慨的遥深来，又增加了诗的旋律感。"只有徘徊罢了，只有匆匆罢了；在八千多日的匆匆里，除徘徊外，又剩些什么呢？""徘徊""匆匆"等字眼反复出现，一种幽怨之情反复回荡。"我留着些什么痕迹呢？我何曾留着像游丝样的痕迹呢？"几乎相同意思的句子通过重复使用，使感情层层推进，在参差中又显出整齐的美。"复沓"的运用，反复吟咏，往往能起到了一唱三叹的修辞效果。

运用"复沓"，可以加强语势，抒发强烈的感情，表达深刻的思想，分清文章的脉络、层次，增强语言节奏感。如"早晨被一个小蝇子在脸上爬来爬去爬醒，赶开，又来；赶开，又来；而且一定要在脸上一定的地方爬……"反复写苍蝇"赶开，又来"，生动准确地写出了苍蝇的可恶讨厌，缠住不放的特点。突出了我对苍蝇极端厌恶，又无法摆脱的感情。"复沓句"将部分词句反复咏唱，形成一种回环美。

"复沓"与"叠句"作为两种辞格，是有明显区别的，"复沓"能更换少数词语，而"叠句"的词语则完全相同。如："兼葭苍苍，白露为霜。所谓伊人，在水一方。溯洄从之，道阻且长。溯游从之，宛在水中央。"此句中使用的就是"复沓"。

# 第八章　辞格之八

本章主要探讨汉语修辞格中的"重言""降用""避复""并提"和"引用"，这几类辞格也较为常用。

## 第一节　重言

所谓"重言"辞格，是指将两个相同的汉字叠用在一起，形式上看就是两个汉字的重复使用。不过，"重言"虽然形式上为两个汉字的叠用，但有时指的是一个词（可称为"叠音词"）；当然也有词重叠的情况，若是词的重叠，就可称为"重叠词"。从汉字的角度说，也可称为"叠字"。我们的先人往往称一个汉字为一言。譬如《史记·老庄申韩列传》中说，老子著书五千言，这里的五千言即五千字。"重言"这一名称，最早见于明代方以智的《通雅·释诂》，后世一直沿用。清代学者王筠著有《毛诗重言》一书，这本书专讲《诗经》中的"重言"辞格。在先秦经典《诗经》中，"重叠词"很多，有的用来摹仿物的声音，有的用来形容事物的形貌和状态。如"关关"是用来描绘鸟的鸣叫声，"呦呦"是用来描绘鹿的鸣叫声，"喓喓"是用来描绘虫子的鸣叫声，"丁丁"是用来描绘伐木的声音，"依依"是用来描绘杨柳随风飘动发出的声响，"楚楚"是用来描绘衣服鲜明夺目的色彩，"蹲蹲"是用来描绘舞蹈优美的动作和姿态，"迟迟"是用来描绘行走舒缓的状态，等等。我们知道，物所发出的声音和物所关联的动作姿态经常是持续和重复的，因此，当我们需要表达这些声音、动作和姿态时，往往采用"重言"的表达方式，这其实就是"重言"辞格使用背后的最重要的认知理据。这种辞格甚至会影响到词法和句法的结构，如汉语中的很多四字格就是重言参与其中发展起来的。如"岁岁平安""洋洋洒洒""惴惴不安""历历在目""茫茫一片"和"苦苦等待"等。

在现代汉语中，无论是普通话还是方言，都有不少由"重言"辞格构成的词语，这些词语往往形象生动、具有极强的表现力，特别是在口语中表现尤甚。如"爷爷""奶奶""姥姥""爸爸""妈妈""叔叔""伯伯""姐姐""妹妹""哥哥""弟弟""姑姑""舅舅"都如此。这些词大多为口语词，它们的第二个音节一般均读为"轻声"。如在"哥哥"和"叔叔"中，第二音节的音调在实际的发音中一般需要变为半上。

# 第二节　降用

简言之，所谓"降用"辞格，指的是词语的一种降级使用（有人称为"大词小用"）。"降用"其实就是把一些地位重要的词语降级为一般词语去使用。通俗地说，就是词语的降级使用。这种辞格在语言表达中往往会收到特殊的表达效果，具有极强的文学表现力，因而在文学作品中受到众多作家的青睐。如：

（1）于是猫的罪状证实了。大家都去找这可厌的猫，想给它以一顿惩戒。找了半天，却没找到。我以为它真是（畏罪潜逃）了。（初中语文第二册二十一课《猫》）

（2）《酒店里的人大笑了。阿Q看见自己的勋业得了赏识，便愈加兴高采烈起来……（鲁迅《阿Q正传》）

（3）我是屋里主人，它却是门外的统治者。有了它的统治，无论怎样总是不很安静的。（高中语文第一册七课《蝉》）

例（1），"畏罪潜逃"本来是法律用语，用来指罪犯害怕被治罪而偷偷逃走的情形。但这里指的是"怀疑猫偷吃了东西逃走了"，这显然是一种文学性的表现方法（即通过大词小用来表达作者的某种特殊意思或情感）。例（2），"勋业"实际上是两个词，指的是"功勋"和"事业"，这里指的是阿Q对小尼姑动手动脚这一行为，很显然也是"大词小用"。例（3），"统治者"本来是统管治理国家的人，这里却指向"唧唧叫个不停的蝉"。因为蝉的叫声连成一片，几乎压倒了自然界其他的声音，因此，这里通过"降用"辞格，达到了描绘准确、给人以影响深刻而且形象生动的感觉。

# 第三节　避复

在日常的写作或言谈中，有时为避免词语运用的重复和单调，我们往往选取同义词或近义词来替换，这种修辞手法叫做"避复"辞格。运用"避复"辞格，可以使语言富于变化，具有灵动感和生气，语言表达和其他事物的构建道理是一样的，单调地重复性建设是语言表达的大忌。语言美不美，在一定程度上说，与语言的变化和调正密切相关。只有根据语境进行灵活变动地去调整语言的表达，才能达到语言美的水平。如：

（1）伯夷叔齐虽贤，得夫子而名益彰；颜渊虽笃学，附骥尾而行益显。（《史记·伯夷列传》）

（2）昨日玉鱼蒙葬地，

　　早日金碗出人间。（杜甫《诸将诗》）

（3）一截遗欧，一截赠美，一截还东国。（毛泽东《念奴娇·昆仑》）

（4）这个时候你只要立马瞭望，便可以发现一些特别翠绿的圆点子，那就是蘑菇圈。你朝着它策马前去，就很容易在这三四丈宽的一圈沁绿的酥油丛里，发现象夏天夜空里的繁星似的蘑菇。眼看许许多多雪白的蘑菇隐藏在碧绿的草丛中，谁都会动心。（碧野《天山景物记》）

（5）分明来到了厦门岛——却好像看不见战斗的面容，但见那——百样仙姿，千般奇景，万种柔情……（郭小川《厦门风姿》）

例（1），本句原来本应为"附夫子而行益显"，但此处却将"夫子"改为"骥尾"，为了某种表达的需要，作者有意避免与上文"夫子"二字重复；例（2），在《汉武帝故事》中是这样记载的："邺县有一人於市货玉杯，吏疑其御物，欲捕之，因忽不见。县送其器推问，乃茂陵中物也。霍光自呼吏问之，说市人形貌如先帝。"而在《南史》一书中这样写道："沈炯为魏所虏，出之独行经汉武通天台，为表奏之，其略云：'甲帐珠容，一朝零落；茂陵玉碗，遂出人间。"唐代大诗人杜甫将"玉碗"改为"金碗"，有意避免与上文"玉"字重复；例（3），毛主席在诗词中，有意使用"遗"和"赠"两个"义同形异"的词语，其实就是为了在语言表达上避免重复；例（4），"翠绿""沁绿""碧绿"均是用来形容天山草木葱郁，这里选用不同的近义词，也是为了在语言的表达上避免重复；例（5），三个近义词语——"百样仙姿""千般奇景""万种柔情"，均是用来描绘厦门这个城市风情的，在这里三词同时使用就是为了避免重复。

# 第四节  并提

所谓"并提"辞格，是语言表达者为使句子紧凑、语言精练而采取的一种"言简意赅"的修辞方式。具体地说，所谓"并提"就是把两件相关的事并列在一个句子中，同时（一起）表达出来。如：

（1）"夫钟、蠡无一罪，身死亡"（《史记·韩信庐绾列传》）

例（1）的意思是——"夫钟无一罪，身死；夫蠡无一罪，身亡。（出走，逃亡）"。但如果我们把这里的"死亡"按照一个词去解读就错了。因为依据史实，这里自杀而死的是"大夫钟"，亡命逃亡的是"范蠡"。特别提示，我们在解读使用"并提"辞格的句子时，一定要多从文意的角度入手，切忌被语言的形式所蒙蔽或误导。如：

（2）"自非亭午夜分,不见曦月""素湍绿潭，回清倒影"（《三峡》）

例（2），"亭午"和"夜分"是两个不能同时存在的时间，"曦"和"月"则是两种不同的自然现象，因此，合起来解读肯定是不通的。此处显然使用了"并提"辞格，所以应解读为"自非亭午不见曦"和"自非夜分不见月"。"素湍"和"绿潭"是两个不相同的处所，此处也使用了"并提"辞格，应解读成为"素湍回清，绿潭倒影"。

（3）"耳目聪明"（《后汉书·华佗传》）

例（3），此处的"耳目聪明"，其实是由"耳聪"和"目明"两个主谓结构组合而成的。

（4）"发皇耳目"（枚乘《七发》）

例（4），此处"发皇耳目"其实是由两个使动结构组合而成的句子，也就是"发耳"和"皇目"。如果说"发目"还能说得通，但"皇耳"却怎么也讲不通，所以必须当作"并提"来处理，这个句子的意思才能被顺利解读。

（5）"腥醲肥厚"（枚乘《七发》）

例（5），"腥"指肥肉，"醲"指酒。肉可以说"肥"，但不说"厚"，当然现代汉语可以这么说；酒可以说"厚"，却不说"肥"。这个句子显然使用了"并提"辞格，应解读为"腥肥醲厚"。

# 第五节　引用

所谓"引用"辞格，是指语言表达者在说写时，为了某种表达的需要有意引用现成的话，如诗句、格言、警句、成语、典故等。这种表达方式在修辞学上叫做"引用"辞格。"引用"辞格具有特殊的表达效果，尤其古人在写文章时特别喜欢引经据典，即他们在写文章时常常使用"引用"辞格，这甚至被视为文人素养和学识的直接体现。"引用"辞格可分为"明引"和"暗引"两种类型。"明引"指直接引用原文、并加上引号（直接引），或者是只引用原文大意、不加引号（间接引），但是这两种都需要标明原文的出处。"暗引"辞格指不需要标明引文出处，而是用自己的语言将别人的话语引介出来，有时引用原句，有时只引大意。运用引用辞格，既可使文章言简意赅，有助于说理抒情；又可增加文采，增强表现力。"引辞格的作用——能使论据确凿充分，增强说服力，富启发性，而且语言精练，含蓄典雅。

**（一）明引**

"明引"就是直接标明出处的引用类型。如：

（1）孔子曰："三人行，必有我师。"是故弟子不必如师，师不必贤於弟子。

**（二）暗引**

"暗引"就是不需要标明出处的引用类型。如：

（2）失败乃成功之母，你千万不要气馁。

（3）薄粥稀稀碗底沉，鼻风吹动浪千层，有时一粒浮汤面，野渡无人舟自横。（沈石田《薄粥诗》）

例（2）中的"失败乃成功之母"，例（3）中的"野渡无人舟自横"，均为引用，但未指明出处，故属于暗引。

"引用"辞格是汉语中一种非常重要的修辞方式，除了"明引"和"暗引"外，还有以下一些类型：

**（三）正引**

所谓"正引"，是指语言使用者对所引用的语句持肯定的态度，用在引文与原文意思相一致的场合。"正引"一般是用来印证作者自己的观点，表达作者自己的思想和感情。它既可以是明引，也可以是暗引。如：

107

（4）这安公子是那女孩儿一般百依百顺的，怎么忽然的这等执性起来？……他这一段是从至性中来，正所谓儿女中的英雄，一时便有个"富贵不能淫，贫贱不能移，威武不能屈"的意思；旁人只说是慢慢的劝着就劝转来了，那知他早打了个"九牛拉不转"的主意，一言抄百总，任是谁说，算是去定了。（清·文康《儿女英雄传》）

在这部《儿女英雄传》中，讲述了安公子的父亲因为河堤两次决口，以不善于治理而遭到革职查办，并在山阳县收监。安公子为救父亲，舍身忘死，不顾一切，一改过去温柔顺从的女孩子性格，执意要身带数千两银子，不远千里去几千里外的山阳县营救自己的父亲。"富贵不能淫，贫贱不能移，威武不能屈"这句话来自《孟子·滕文公下》。这句话的意思是，荣华富贵并不能诱惑他，贫贱困苦并不能动摇他，权势强暴并不能屈服他。"九牛拉不转"这句俗语也属于"引用"。通过以上两处"引用"，旨在描绘安公子为了营救自己的父亲，不惜一切代价，舍身忘死的倔强性格。在此情景下，任何人、任何言语都无法改变安公子一心救父的迫切愿望。由于以上"引用"和所引用的原句意思一致，所以是"正引"，同时这里没有指明出处，属于"暗引"。再如：

（5）那秦钟魂魄那里肯就去，又记念着家中无人掌管家务……因此百般求告鬼判。无奈这些鬼判都不肯徇私，反叱咤秦钟道："亏你还是读过书的人，岂不知俗语说的：'阎王叫你三更死，谁敢留人到五更。'我们阴间上下都是铁面无私的，不比你们阳间瞻情顾意，有许多的关碍处。"（曹雪芹《红楼梦》）

"阎王叫你三更死，谁敢留人到五更。"这句俗语的意思是——阎王下命令叫你三更死，叫勾魂鬼勾你的魂，谁也没办法叫你活到五更。此处，作者所引用的俗语并没有改变原来俗语的意思，因而属于"正面引用"。此处作者主要是借鬼判之口，将阴间的"铁面无私"和阳间封建政治制度下的"瞻情顾意""徇私舞弊"和"黑暗腐败"进行了鲜明对照。这里表达出作者的主要意图——就是要鞭挞现实当中的封建政权。可见，以上例子中的引用既是"正引"，同时也属于"明引"。

（6）《陆象山语录》有一则写道："如今读书且平平读，未晓处且放过，不必太滞。"接着，他又举出下面一首诗：

读书切戒在慌忙，

涵泳工夫兴味长；

未晓不妨权放过，

切身须要急思量。

这里陆象山讲的实际上就是读书一定要讲究方法，不能死读书，讲究方法很重要。此处具体指出，读书若遇到难懂的地方，实在弄不明白了，姑且可以先放过，等到看完上下文或许反过头来，再去读原来不懂的地方，难点或许豁然开朗了。当然，若这些难点还是不懂，那就只能等到日后慢慢去理解了，读书说到底不能急于求成，需要日积月累。这个读书的道理直到今天仍然对于我们特别是青年人具有重要指导意义。这段文字有三处"引用"。第一处作者引用了《陆象山语录》中的一句——"如今读书且平平读，未晓处且放过，不必太滞。"第二处则是引用陆九渊的一首诗——"读书切戒在慌忙，涵泳工夫兴味长；未晓不妨权放过，切身须要急思量。"以上两处引用，作者均点明了出处，因此属于"明引"。

### （四）反引

所谓"反引"就是说写者对所引用的语句有所评判和否定，即所表达的意思与原引文的意思相反。这种引用的语用价值在于，说写者想通过此种表达达到标新立异、讽刺某种现象的作用。"反用"辞格从形式上看有三种类型：一是照录原文，然后对原文加以否定或修正；二是直接改造原文，使所要表达的意思与原引文相反；三是引出原文的大意，然后再提出相反的意见。如：

（7）孔子曰："唯女子与小人为难养也，近之则不逊，远之则怨。"女子与小人归在一类里，但不知道是否也包括了他的母亲。后来的道学先生们，对于母亲，表面上总算是敬重的了，然而虽然如此，中国的为母的女性，还受着自己儿子以外的一切男性的轻蔑。（鲁迅《南腔北调集·关于妇女解放》）

"唯女子与小人为难养也，近之则不逊，远之则怨。"这句话出自古代圣贤孔子，原意是——"这世界上，只有女人和小人最难相处，亲近他们，他们就会无礼；疏远他们，他们就会怨恨。"作者显然在这里对孔子的这句话持"否定"的态度，作者先引用这句话，接着马上对这句话作出评判和否定，认为把"女子"和"小人"放在一起，是对女子极大的侮辱。在要求妇女解放的时代，鲁迅先生反其意而用之，为妇女争取解放而大声疾呼，的确可以理解。

（8）"子入太庙，每事问。"至今传为美谈。但你入轮船，最好每事不必问，茶房之怕麻烦，之懒惰，是他们的特征；你问他们，他们或说不晓得，或故意和你开开玩笑，好在他们对客人们，除行李外，一切是不负责任的。（朱自清《海行杂记》）

作者在这段文字中所引的语句源自《论语·八佾》，所表达的意思是——"孔子每次进太庙，事事都要问。"作者在这里引用这句话旨在说明——古人认为好问是一种美德，然后笔锋一转，指出在轮船上就不能好问了。这里作者有意将引文的意思改变，是"反引"的修辞手法。上述两个例子都是直接照录原文，然后再对其进行否定或修正，所以都是"反用"辞格中的第一种类型。再看：

（9）沐芳莫弹冠，

浴兰莫振衣。

处世忌太洁，

至人贵藏晖。（李白《沐浴子》）

"新沐者必弹冠，新浴者必振衣。"一句源自屈原《楚辞·渔父》。而唐代大诗人李白这首诗，很明显用了"反引"的修辞手法，将"必"直接改成了"莫"，意思正好相反，属于"反引"中的第二种类型。

（10）哦，我的剑要归寝了！

我不要学轻佻的李将军，

拿他的兵器去射老虎，

其实只射着一块僵冷的顽石。

哦，我的剑要归寝了！

我也不要学迂腐的李翰林，

拿他的兵器去割流水，

一壁割着，一壁水又流着。

哦，我的兵器只要韬藏，

我的兵器只要酣睡。

我的兵器不斩芟奸横，

我知道奸横是僵冷的顽石一堆；

我的兵器也不要割着愁苦，

我知道愁苦是割不断的流水。

哦，我的大功告成了！

让我的宝剑归寝了！

我岂似滑头的汉高祖，

拿宝剑斫死了一条白蛇，

因此造一个谣言，

就骗到了一个天下？（闻一多《剑匣》）

闻一多先生在这首诗里有三处"引用"。"李广射石""翰林断水"和"高祖斩蛇"。"李广射石"这个典故来自《史记·李将军列传》。原句是——"广出猎，见草中石，以为虎而射之，中石没镞，视之石也。"这句话的意思是——"李将军去打猎，看见草丛中的石头，以为是老虎，便一箭射去，箭杆没入其中，走近一看，原来是一块石头。""翰林断水"这一典故中的"翰林"指唐代大诗人李白。李白在《宣州谢朓楼饯别校书叔云》中写道："抽刀断水水更流，举杯销愁愁更愁。"而"高祖斩蛇"这个典故则来自《史记·高祖本纪》。原故事是这样的：刘邦曾饮酒醉于泽中，遇到大蛇挡于道，他于是拔出宝剑把蛇斩成两段。后世常将此事说成是刘邦得到"神助"而起义并夺取天下的宣言。诗人在此处先引原文大意，然后再提出异议和否定的态度，即"我不要学轻佻的李将军""我也不要学迂腐的李翰林"和"我岂似滑头的汉高祖"，这里非常鲜明地表达了诗人的意愿和思想。

（11）宣室求贤访逐臣，

贾生才调更无伦。

可怜夜半虚前席，

不问苍生问鬼神。（李商隐《贾生》）

众所周知，西汉的贾谊是一个极富才能的政治家和文学家，他曾受到朝野大臣们的排挤，并遭到流放。此处，前两句是说汉文帝在宣室召见被放逐的贾谊，这在封建文人的眼中是一种十分荣耀的事情，机会难得，简直是千载难逢啊，暗示人才得到重用，终于有了伯乐。第三句则是说汉文帝虚怀若谷，凝神倾听，两人（君臣之间）关系瞬间被拉近了。第四句旨在悲叹汉文帝听得这么入神，但君王问的不是关于天下苍生的大事，而是关于虚幻鬼神的故事。第三句和第四句本来是说文帝爱才、诗人终于可以施展抱负，但此处却反其意而用之，讽刺文帝不是真的爱才，借以感慨自己的怀才不遇。

上述例（10）和例（11）都是引用原文的大意，继而提出异议，属于反用中的第三类。

**（五）借引**

所谓"借引"辞格一般有两种类型。一种有人称为"改用"，指的是引文的愿意与作者所要表达的意义既不相同，也不相反，只是在某一方面具有一定的相关性。这种辞格的特点是，它可以推陈出新，增强生动性和趣味性，产生幽默风趣的修辞效果，也可引起读者联想和想象，增强形象性和生动性。另一种类型是借用数学中的符号，组合成一个简单的公式，来表达复杂或抽象的思想内容，达到言简意赅的目的，这种修辞方式能起到直观形象的艺术效果。如：

（12）古今之成大事业大学问者，必经过三种之境界："昨夜西风凋碧树，独上高楼，望尽天涯路"此第一境也。"衣带渐宽终不悔，为伊消得人憔悴。"此第二境也。"众里寻他千百度，回头蓦见，那人正在灯火阑珊处。"此第三

境也。（王国维《人间词话》）

"昨夜西风凋碧树，独上高楼，望尽天涯路"语出宋代词人晏殊的《蝶恋花》。原意旨在表达苍凉的深秋独登高楼怅望，这里用来表达作者的第一境，即表示追求理想。"衣带渐宽终不悔，为伊消得人憔悴"语出宋代柳永《蝶恋花》。这句词的本来意思是——因思念爱人而渐渐变得憔悴，旨在表达作者的相思之苦。这里用来表达作者的第二境，即表示艰苦地追求和探索。"众里寻他千百度，回头蓦见，那人正在灯火阑珊处"语出宋代辛弃疾《青玉案》。原词的意思是写无意中发现了意中人的惊喜心情，这里用来表达作者的第三境，即表示获得成功、实现理想的喜悦心境。

以上三处"引用"均是写"闺情离绪"，作者通过事物之间的相关性来比喻治学的三个境界，当然作者对引语原意进行了引申，以此来增强文章的生动性和趣味性，此处就是"借引"的修辞手法。再如：

（13）大热天气，阔人还忙于应酬，汗流浃背，穷人却夹了一条破席，铺在路上，脱衣服，浴凉风，其乐无穷，这叫做"席卷天下"。（鲁迅《安贫乐道法》）

此例中的"席卷天下"来自汉代贾谊的《过秦论》一文。这句话的原意讲的是秦孝公想吞并天下。作者在此处故意曲解文义，望文生义，旨在引起读者的联想，增强文章的形象性和生动性，旨在表达穷人卷起席子到露天地上睡觉的情景。

（14）小乙："泡泡！"

妈："小济，快，找小盆去！"

爸："等等，小乙，先别撒！"随小济作快步走，床下椅下，分头找小盆，至为紧张，且喊且走："小盆在哪儿？"只在此屋中，云深不知处，无论如何，找不到小盆。妈曳小乙疾走如风，入厕，风暴渐息。（老舍《文艺副产品》）

此例中的"只在此屋中，云深不知处"其实出自唐代贾岛《寻隐者不遇》一诗。该诗云："松下问童子，言师采药去。只在此山中，云深不知处。"作者"借引"了后两句，并把"山"改为"屋"字，旨在描绘孩子要撒尿，全家人出动找小尿盆，而小尿盆不见踪影的情景。此处的引文明显与原文不完全相同或相对，只是凭着不知该到屋里何处找小尿盆与不知到山中何处找师父有相关性，望景生义。这种修辞格一般能增强文章的幽默感和趣味性，往往令文字妙趣横生，令人回味无穷。

上述三个例子均属于第一种"借引"手法，即引文与原文在内容上基本相符，但有少部分出入，这种修辞格旨在增强文字的生动性和形象性，并能制造幽默的修辞效果。

（15）倘不得已，我以为还不如带些兽性，如果合于下列的算式倒是不很有趣的：人＋家畜性＝某一种人。（鲁迅《略论中国人的脸》）

在此例中，作者借用数学符号"＋"和"＝"，使它们构成一个完整的加法算式，巧妙而鲜明地表达了作者主张反抗的强烈意志，原因在于驯服对于我们中国人来说，是"没有什么益处"的，只是使外国人喜欢而已。这种描写手法言简意赅、干脆利落。人加上家畜性等于某一种人，初看起来我们根本没有见过也不知道这是个什么理论、什么公式。在作者看来，带有"家畜"的驯服性格的"某一种人"，其实是无异于消除了"兽性"，没有了反抗精神的人，正如文中所说对他本身来说是"没有什么益处"的，只不过使"牧人喜欢"而已。再如：

（16）笔者认为，胡适所犯的错误，是因为他只注意到其不可分的一面，因此他得出了石头＝贾宝玉＝作者（曹雪芹）的结论，提出了自传说。（马力《从叙述手法看"石头"在〈红楼梦〉中的作用》）

胡适先生曾经主观地认为《红楼梦》的叙述者（石头）、主人公（贾宝玉）和作者（曹雪芹）实际上是同一个人。这里作者为了说明"他只注意到其不可分的一面"这个观点，借用了两个"＝"号，就把胡适的这种错误观点简洁而又直观地指了出来，而且还增添了文章的生动性、趣味性。

（17）天才＝2%的灵感＋98%的汗水。（爱迪生）

这句话大家耳熟能详，这是美国大发明家爱迪生的一句名言。我们经常用到，这句话旨在说明天才并不是游手好闲就能够得到的，它其实是靠勤奋和汗水，是靠努力拼搏获得的。这个公式形象地说明了天才与灵感、勤奋之间的辩证关系。这种修辞方式，简单明了，言简意赅，表达效果很好。

上述例（15）（16）（17）都是用数学符号来表达某种意图、某种思想感情，言简意赅，能产生直观形象的艺术效果。这属于第二种"借引"修辞手法。

通过上面的分析，我们认为"引用"辞格的修辞作用主要有：

**（一）能使语言简洁凝练、生动活泼，增强语言的感染力。如：**

（18）我于是就抛了死相，放心说笑起来，而不意立刻又碰了正经人的钉子：说是使他们"失望"了。我自然是知道的，先前是老人们的世界，现在是少年们的世界了；但竟不料治世的人们虽异，而其禁止说笑也则同。那么，我的死相也还得装下去，装下去，"死而后已"，岂不痛哉！（鲁迅《忽然想到》）

本例中，"死而后已"一词源自诸葛亮的《出师表》。原句为——"凡事如是，难可逆见，臣鞠躬尽瘁，死而后已，至于成败利钝，非臣之明所能逆睹也。"死而后已"常与"鞠躬尽瘁"并用，旨在表达——"不怕劳苦地贡献自己的一切直至死，即尽心国家大事，至死才罢休。"作者在这里引用这个词语，虽然也有至死才罢休的意思，却不是为了国家大事，而是"装死相"装到死才算完结，反映出作者对那个"愚民的专制时代"的抨击和讽刺。在这个时代，人们装成死相，到处死气沉沉，甚至连说笑一下都不行，毫无半点生气，表现了作者对于这种现状的无限愤慨。"死而后已"之后再加上一个"岂不痛哉"，使得文章语气更加沉痛、强烈，这样就更加增添了文章的感染力，无疑会引起读者的强烈共鸣。再如：

（19）夜间人定后……紫鹃停了半晌，自言自语地说道："一动不如一静。我们这里就算好人家，别的都容易，最难得的是从小儿一处长大，脾气性情都彼此知道的了。"黛玉啐道："你这几天还不乏，趁这会子不歇一歇，还嚼什么蛆。"紫鹃笑道："倒不是白嚼蛆，我倒是一片真心为姑娘。替你愁了这几年了，无父母无兄弟，谁是知疼着热的人？趁早儿老太太还明白硬朗的时节，作定了大事要紧。……若娘家有人有势的还好些，若是姑娘这样的人，有老太太一日还好一日，若没了老太太，也只是凭人去欺负了，所以说，拿主意要紧。姑娘是个明白人，岂不闻俗语说：'万两黄金容易得，知心一个也难求。'"（曹雪芹《红楼梦》）

在上述《红楼梦》的片段中，紫鹃引用俗语"万两黄金容易得，知心一个也难求"，概括说明了贾宝玉和林黛玉的爱情是以相互知心为基础的，道出他们爱情的可贵之处，也反映了他们执着痛苦的心情。林黛玉听了此话后，锥心刺骨，激动万分，彻夜难眠。黛玉这种忧郁悲痛的情绪也无疑会感染读者，并能吸引读者的关注，使读者忍不住掩卷叹息他们艰难而悲壮的爱情。可见"引用"辞格的修辞效果确实十分强大。

**（二）能加强语言的表现力，特别是能增强语言的说服力。如：**

（20）山海关纵然是坚固险要，可也有被攻破的记载；而吴三桂的引清入关，更是不攻自破。多尔衮的铁骑，不就是从这洞开的大门下面蜂拥而过席卷中原的吗？

一句"恸哭六军俱缟素，冲冠一怒为红颜。"可以说是家喻户晓。吴梅村在《圆圆曲》中，描写了当时爱国人士对明代吴三桂的痛恨。我们知道，尽管不少历史学家对吴三桂降清的动机还存在诸多争议，特别是"冲冠一怒为红颜"的看法颇具争议，但吴三桂将雄关出卖，使得清军大举入关却是事实，也是教训。"山海关"作为天下第一关，是闻名天下的险要关口，但统治中国两百多年的满清政府当年就是从"固若金汤"的山海关蜂拥而入、席卷中原的，说明山海关固然险要，但也有被攻破的可能。作者接着引用吴梅村《圆圆曲》中"恸哭六军俱缟素，冲冠一怒为红颜"两句来增添说服力。当年李自成的农民军攻破北京城，吴三桂的宠妾陈圆圆被李自成的部下刘宗敏掠去，而当时吴三桂是指挥镇守山海关的大将，为了红颜，他一怒之下，引清兵入关。虽然这一事件是否属实还有争议，但山海关却终究是被攻破了。作者引用此诗，充实了论据，更加有力证明了"那所谓'固若金汤'的雄关，是从来就不存在的；而真正坚固的雄关，只有存在于人们的心中"这个观点。

（21）荔枝不耐贮藏，正如白居易说的："一日而色变，二日而香变，三日而味变，四五日外，色香味尽去矣。"……因为荔枝不耐贮藏，古代宫廷想吃荔枝，就要派人兼程飞骑从南方远送长安或洛阳，给人民造成许多痛苦。唐明皇为了宠幸杨贵妃，就干过这样损害百姓的事。唐代杜牧诗云："长安回望绣成堆，山顶千门次第开。一骑红尘妃子笑，无人知是荔枝来。"就是对这件事的嘲讽。（贾祖璋《南州六月荔枝丹》）

"荔枝"是一种很好吃的水果。在本例中，作者为了阐明荔枝的不易贮藏，先引用白居易《荔枝图序》中的句子——"一日而色变，二日而香变，三日而味变，四五日外，色香味尽去矣"，生动形象地说明了荔枝的不易久存。为了更能说服读者，作者紧接着又引用了唐代大诗人杜牧的诗句——"长安回望绣成堆，山顶千门次第开。一骑红尘妃子笑，无人知是荔枝来。"这里通过唐明皇为了讨好贵妃，不远千里派人护送荔枝，为了保证荔枝的新鲜，让运送荔枝的人快马加鞭。作者此处的描写在于刻画唐代政治开始腐败，预示着一个王朝正将走向衰败。

# 第九章　辞格之九

本章主要探讨汉语修辞格中的"象征""联想""跳脱""镶嵌"和"舛互"，这几类辞格也较为常用。

## 第一节　象征

所谓"象征"，是指语言使用者在表达时根据事物的某种具体形象（象征体），来表现某种抽象的概念、思想和情感。"象征"辞格的使用能使文章意境高远，含义深刻。恰当地运用"象征"辞格，能将某些比较抽象的思想、概念和情感化为具体的可感知的形象，进而能够给读者留下难以磨灭的印象，并赋予文章以深意，并能使读者回味无穷，展开无限联想。

"象征"辞格最早可追溯到《诗经》中的"比"和"兴"。后来出现的《楚辞》则通篇运用了比兴的手法。这种"比兴"的辞格事实上成为中国古典诗歌和散文中常见的修辞手法之一。"象征"辞格有时用来歌颂美好的事物，表现作者对理想的追求和向往，有时则用来嘲讽丑恶的事物，鞭挞不合理的社会现象。"象征"辞格有时通篇使用，但作者并未点明该手法，用没用象征完全由读者自己从文章中慢慢去体会才能得到。当然，"象征"也可只用于文章的某个片段，并通过作者来点明象征的具体含义。如艾青《礁石》：

一个浪，一个浪／无休止地扑过来／每一个浪都在它脚下／被打成碎沫、散开……

它的脸上和身上／像刀砍过的一样／但它依然站在那里／含着微笑，看着海洋……

从这首小诗看，当你读完这些诗句后，你所联想到的肯定不只是"礁石"，而是通过礁石你所联想到的人或事。这里无疑我们会通过狂风捶打的礁石，想到一个人、一个民族、一个国家的百折不挠、生生不息的斗争精神。作者在这里虽然写的是礁石，但实际上讴歌的却是与之具有相似精神的一种激扬向上的斗争精神和品格。普通事物，在这里通过联想以人格的魅力和感召力呈现在读者面向。读者每读到这些文字，无不被折服和震撼。可见，"象征"辞格是一种独具魅力的修辞手段。很多人说，"象征"是变平凡为深奥的催化剂。"象征"辞格的艺术性到底体现在哪里呢？我们说，"象征"是一种由具象到抽象、由浅入深、寓意深刻的一种修辞方式。我们知道，在日常生活中很多事情不仅比较复杂，而且蕴含深刻的意义，不是三言两语就能说明白的。因此，恰当运用"象征"辞格，通过某种具体的形象来表现抽象深刻的思想或道理，往往能让人既能体会到事物所蕴含的意义，同时还可以体会到文章语言形式的美好。

再如茅盾《白杨礼赞》片段：

那就是白杨树，西北极普通的一种树，然而实在是不平凡的一种树。

那是力争上游的一种树，笔直的干，笔直的枝。它的干通常是丈把高，像加过人工似的，一丈以内绝无旁枝。它所有的丫枝一律向上，而且紧紧靠拢，也像加过人工似的，成为一束，绝不旁逸斜出。它的宽大的叶子也是片片向上，几乎没有斜生的，更不用说倒垂了。它的皮光滑而有银色的晕圈，微微泛出淡青色。这是虽在北方风雪的压迫下却保持着倔强挺立的一种树。哪怕只有碗那样粗细，它却努力向上发展，高到丈许，两丈，参天耸立，不折不挠，对抗着西北风。

这就是白杨树，西北极普通的一种树，然而决不是平凡的树。

此处，作者虽然描写的是极其普通与平凡的白杨树，但他并未将重点放到白杨树外在形式美的描写上，而是重在刻画这些白杨树内在的精神品格，甚至以人格化的笔法触及白杨树与普通人在精神方面的契合点。白杨树挺拔的姿态、不屈的精神，这难道不与我们北方民族的精神相似吗？从文章的语言表述中，我们已经能够清楚地体会到，作者是通过白杨树来赞美和讴歌我们北方民族的精神品格，白杨与民族精神在这里找到了汇合点。这种由具象的白杨去颂扬一种民族品格或精神的笔法，就是"象征"辞格最为常见的用法表现。

作者写道：当你在积雪初融的高原走过，看见平坦的大地上傲然挺立这么一株或一排白杨树，难道你就只觉得它只是树？难道你就不想到它的朴质，严肃，坚强不屈，至少也象征了北方的农民？难道你竟一点也不联想到，在敌后的广大土地上，到处有坚强不屈，就像这白杨树一样傲然挺立的守卫他们家乡的哨兵？难道你没有更远一点想到，这样枝枝叶叶靠紧团结，力求上进的杨树，宛然象征了今天在华北平原纵横决荡，用血写出新中国历史的那种精神和意志？可见，"象征"辞格一般有两种表达形式。一种是像《礁石》那样，让读者在诗与文的语言表述中自己去体味和领悟；一种是像《白杨礼赞》那样，直抒胸臆地点明象征之意。二者相比，前者含蓄蕴藉、意味隽永，后者单刀直入、简单明白，二者各有千秋。

## 第二节　联想

所谓"联想"，是指语言使用者在表达时由某人或某事物，进而想到与之相关的人或事的一种修辞格。联想是心理学家较早关注并一直作为重要课题来研究的一种心理现象。语言学家斯珀波和威尔逊所提出的"关联理论"，其实也是依据心理学上的联想而提出来的。联想作为人类的一种普遍的认知世界的方式，在人们社会生活的方方面面都发挥着重要的作为。特别是对于第二语言的习得，联想认知发挥着重要作用，这方面的研究也已经成为学界的研究热点。联想作为一种普遍的认知方式，一般有四种表现形式，即接近联想、类似联想、对比联想、因果联想。

所谓"相似联想"，就是由某一种事物或现象想到与之相类似的事物或现象，进而产生新的想法。例如，在学习中我们经常说的"举一反三""触类旁通"就是利用"相似联想"，通过解决少数典型事例，进而达到真正掌握该方面知识的目的。相似联想在语言应用的各个方面都有体现，如在对外汉语教学中，要巧妙创设相似联想的语境，提高学生学习语言的效率，进而达到理想的教学效果。

所谓"接近联想"，就是根据事物之间在时间或空间上的毗邻关系，进而想到它们之间的密切关系并创设出新的思想。比如我们在学习语法时，若要对某个语法单位进行语法分析，就必须充分考虑与该单位接近（毗邻）的其他单位，同时还要对这些相关语法单位之间的结构关系和层次关系等进行系统分析。语法是一个巨系统，只有通过接近联想，分析单位之间的结构和关系（特别是接近单位之间的结构和关系），语法的结构系统才能较为清晰地展示在我们的面前。

所谓"对比联想"，就是在不同事物或同一事物的两个方面之间，找出它们之间的对立面，进而凸显差异点，从中发现问题，提供解决问题的新思路。比如，我们在学习"把"字句式时就可以有意识地同"被"字句式进行对比，从中更深入地找出二者之间地差异，进而将这两种句式地研究推向深入。大的方面讲，我们讲汉语也要自觉地同别的语言特别是印欧语言进行对比，通过对比联想，很多问题才能得到深入的解决。

所谓"因果联想"，就是利用事物之间的因果关联，找出它们之间的必然联系，进而找出问题的根源所在。比如我们看到地面上很潮湿，就可以联想或推断，可能是昨天夜间刚下过雨。"因果联想"作为一种人类常见的思维推理模式，是我们认知社会和解决很多问题的一种重要手段。

当然，"联想"与"想象"一定要加以区分。"联想"是指在一个事物的基础上想到另外一个事物，这两种事物往往具有相同的特点。而"想象"则是指在一个事物的基础上想到另外一个可能存在的、臆造出来的事物。

# 第三节　跳脱

"跳脱"的古今意义有些不同，在古汉语中有"灵活""逃脱"的意思。在现代汉语中用作一种修辞手法，是一种因为特殊的情境，如语意的含蓄，心思的急转，事象的突出等，故意中途断了语路的修辞方法。它可分为急收、遮断和突接三种。

"急收"是指说到半路突然中断，不肯说尽，使人得其意于言语之外。如：

（1）七斤自己知道是出场人物，被女人当大众这样辱骂，很不雅观，便只得抬起头，慢慢地说道："你今天说现成话，那时你……"（鲁迅《风波》）

"遮断"是指一个人的话说到中途被另一个人的话遮拦并打断。如：

（2）那和尚便道："师兄请坐，听小僧——"智深睁着眼道，"你说，你说！""说：在先敝寺十分好个去处田庄又广僧众极多……"（施耐庵《水浒传》）

"突接"是指折断语路突接前话，或者突接当时的心事，因此，这样的话语往往表现得上气不接下气。如：

（3）幸而我的母亲也就进来，从旁说："他多年出门，统忘却了。你该记得罢，"便向我说，"这是斜对门的杨二嫂，……开豆腐店的。"（鲁迅《故乡》）

# 第四节　镶嵌

"镶嵌"作为一种修辞格是指故意插入虚字、数目字、特定字、同义字、异义字，来拉长文句，称为镶嵌修辞法。可分为镶字与嵌字两种。

"镶字"是指用无关紧要的数目字或虚字穿插在字词间，以拉长文句。

（1）事情既然已到了这种地步，我们干脆来个一不做，二不休吧。

（2）如果我学得一丝一毫的好脾气，如果我学得了一点点待人接物的和气。

（3）这件事本来就是你做的！你别把责任推得一干二净！

"嵌字"是指故意用特定的字嵌入语句中，使文字的安排往往形成美妙的辞趣。

（4）江南可采莲，莲叶何田田。鱼戏莲叶间：鱼戏莲叶东，鱼戏莲叶西，鱼戏莲叶南，鱼戏莲叶北。（汉乐府《江南可采莲》）

（5）东市买骏马，西市买鞍鞯，南市买辔头，北市买长鞭。（北朝民歌《木兰诗》）

# 第五节　舛互

舛，读"chuǎn"，违背的意思。"舛互"就是互相违背，互相矛盾的意思，它也是一种修辞格。这种修辞格的特点是先否定全部，再肯定一部分，或者先肯定全部，再否定一部分，以达到突出、强调后一部分的作用。生活中人们常用到舛互的修辞格，比如说"大家都来了，就只小明没来"。再如：

（1）"万般皆下品，唯有读书高。"（先否定全部，再肯定一部分，极强地突出读书的重要性。）

（2）"万事俱备，只欠东风。"（先肯定全部，再否定一部分，极强地说明东风的重要性。）

（3）"才到房门，只见赵姨娘和周姨娘两个人来瞧宝玉。宝玉和众人都起身让坐，独凤姐不理。"（《红楼梦》第六回）（此处突出凤姐的与众不同。）

（4）"十几年来，我又重新学习。我学会了洋裁，学会了做一个周旋在宾客间的女主人，我什么都学会了，就学不会把他的事业成功，引为我的成功。"（徐仲佩《矛盾》）

（5）成语：绝无仅有。

（6）"室中更无人，惟有乳下孙。"（杜甫《石壕吏》）

（7）"举世混浊而我独清，众人皆醉而我独醒。"（《史记·屈原列传》）

（8）"如果我是一个哲人，我会思考，这个转弯象征着什么？是否在诉说一个道理？如果我是一个诗人，这个弯转得多么诗意呀，我一定会作出一首优雅的诗歌。我什么也不是，只是个流浪者。不是归人，是个过客。"（莫名《南渡江水弯弯》）

（9）脑白金广告语："今年过年不收礼，收礼只收脑白金。"（舛互、顶真两种修辞齐用，效果自然不同凡响。）

（10）风把一团团柳絮抛撒到这里，生长出一片幼柳，随之而来的持续的干旱把这一茬柳苗子全部毁了，只有这一株柳树奇迹般地保存了生命。（陈忠实《青海高原一株柳》，陈先生采用舛互这种修辞后，读后犹如置身其中，面对着这一株柳树感慨万千。）

# 第十章 辞格的综合运用

人们在说话或写文章时，常常在一个句子里或一段话里同时使用几种辞格，这种现象就是多种辞格的综合运用，辞格的综合运用寓意丰富，往往可以同时收到几重修辞效果。辞格的综合运用常见的有连用、兼用、套用三种基本类型。

## 第一节 辞格的连用

所谓"辞格的连用"，是指在一个句子或一段话里"接连"使用同类的辞格或异类的辞格。按照类型，可分为同类辞格连用和异类辞格连用。一是同类辞格的连用。如：

（1）离开渔船，走上堤岸，只见千百条水渠，像彩带似的，把无边无际的田野，划成棋盘似的整齐方块，那沉甸甸的稻谷，像一垄垄金黄的珍珠；炸蕾吐絮的棉花，像一厢厢雪白的珍珠；婆娑起舞的莲蓬，却又像一盘盘碧绿的珍珠。（《珍珠赋》）

（2）桃花听得入神，禁不住落下了儿点粉泪，一片一片凝在地上。小草听得大醉，也和着声音的节拍一会倒，一会起，没有镇定的时候。（《春底林野》）

例（1）属于"比喻"辞格的连用，将"水渠""田野""稻谷""棉花""莲蓬"等几种眼前所见的客观事物，想象成几种不同的喻体，并依次展现在读者面前，不仅生动形象，而且引人联想。例（2）则属于"比拟"辞格的连用，将"桃花""小草"这两种客观事物人格化，通过依次展现的方式，更加强化了"事物人格化"这种"移情"的独特修辞效果，最终使得所描绘的客观事物充满了生机和活力。

二是异类辞格的连用。如：

（3）摇动的车轮，旋转的镜子，争着发出嗡嗡嘤嘤的声音，像演奏弦乐，

像轻轻地唱歌。(《记一辆纺车》)

（4）总理的轿车开动了，我们的心哪，跟着总理向前，向前，……忘记了卸装，忘记了时间，忘记了春寒……许久许久，周总理的音容笑貌，在我脑际萦绕；周总理的谆谆教诲，在我心中回响。

以上两例是异类辞格的连用。例（3）属于"比拟"辞格和"比喻"辞格的连用，把纺车人格化，并在人格化的基础上通过比喻的方式，将纺车发出的声音描写得栩栩如生，既具有形象感又有亲切感。例（4）则属于"比拟""反复""排比"和"对偶"辞格的连用。"比拟"将"我们的心"以人格化的方式加以描写，深切地描绘了"人民爱总理，总理爱人民"的壮美图景；两个"向前"和三个"忘记了……"的反复使用，强化了人民拥护和热爱总理的真实情感；"周总理的音容笑貌，在我脑际萦绕；周总理的谆谆教诲，在我心中回响。"则是对偶的巧妙使用，通过对偶的使用更加强化总理与人民心连心的真挚情感。

以上三类不同辞格的连用，前后配合，交错搭配，相互呼应，相得益彰，使所描绘和表达的事物和情感更加形象丰富，更具有感召力量。

# 第二节　辞格的兼用

所谓"辞格的兼用"，是指在一个句子或一句话里同时使用多种辞格，也就是"身兼数职"之意。这种修辞方式也有人称为"兼格"。"兼格"从这一角度看是"甲格"，从另一角度看则是"乙格"。一种表达身兼数格，表达符合语言经济原则，节约效能，寓意丰富，往往能产生意想不到的修辞效果。如：

（1）真正的铜墙铁壁是什么？是群众，是千百万真心实意地拥护革命的群众。

（2）勤奋是点燃智慧的火花，懒惰是埋葬天才的坟墓。

（3）英雄门第出英雄，英雄来自群众，光荣人家增光荣，光荣属于人民。

例（1）属于"设问"和"比喻"两种辞格的兼用。作者在运用"设问"的同时，将"比喻"辞格也融入其中，"设问"与"比喻"相得益彰，共同发挥各自的表达特长，将所表达和描绘的事物出神入化地表现出来。例（2）属于"对比"和"对偶"两种辞格的兼用。这种修辞方式，整齐划一，充分发挥汉语表达以"对称"为美的特点，形式上对称，内容上对立，形式与内容完美统一，展现出强大的表达效果。例（3）则兼用了"对偶""顶真"和"反复"三种辞格，将三种辞格各自的特长有机结合在一起，各显其能，相得益彰，强化了语句的表现力和修辞张力。

可见，辞格的兼用，往往能够结合多种辞格的特点，并将其熔于一炉；同时发挥辞格各自特长，相得益彰，多姿多彩，能更加完美地表达思想、丰富情感，最终能有效增强语句的表现力和修辞张力。辞格的兼用有多种表现手段，有时是表现形式上的强化或凸显，如"排比"兼"顶真"；有时则是形式和内容的双管齐下、兼收并蓄，如"对偶"与"对比"的兼用，"设问"与"排比"的兼用等。辞格的兼用有其形成的背后理据，多种辞格各取其长，取长补短，更能经济和节约地增强语句表达的修辞效果，这是语言表达追求经济和省力、追求言简意赅的"潜意识"力量在其背后驱动的结果，这当然也是语言创新性的表现形式之一。

## 第三节　辞格的套用

所谓"辞格的套用"，是指在一种辞格里又嵌套了其他类型的辞格，几种辞格分层组合，形成"大套小"的包容（嵌套）关系。如：

（1）看吧，狂风紧紧抱起一层层巨浪，恶狠狠地将它们甩到悬崖上，把这些大块的翡翠摔成尘雾和碎末。（《海燕》）

（2）一站站灯火扑来，像流萤飞走，一重重山岭闪过，似浪涛奔流，……（《西去列车的窗口》）

例（1）属于"比拟"辞格里套用了"比喻"辞格。整个句子——"看吧，狂风紧紧抱起一层层巨浪，恶狠狠地将它们甩到悬崖上，把这些大块的翡翠摔成尘雾和碎末。"属于"拟人"辞格。不过，在这个句子里又嵌套了"这些大块的翡翠"这个"比喻"的表达形式，因此，整体属于"拟人"嵌套"比喻"，这种表达方式更加强化了语句的表现力，自然会收到意想不到的修辞效果。例（2）则属于"对偶"里嵌套了"比喻"，"比喻"里又嵌套了"比拟"。第一个层次是"对偶"辞格。"对偶"的上句和下句分别由"比喻"辞格构成第二个层次。"比喻"的本体"一站站灯火扑来""一重重山岭闪过"则是"比拟"，为第三个层次。由于此例为三个辞格有层次地运用在一个句子中，所以在表达效果上给人以层次错落、渐入佳境之感。再如：

（3）大理花多，多得园艺家定不出名字来称呼。大理花艳，艳得美术家调不出颜色来点染。大理花娇，娇得文学家想不出词句来描绘。大理花香，香得外来人一到这苍山下，洱海边，顿觉飘飘然，不酒而醉。(《春城飞花》)

例（3）属于"排比"嵌套"顶真"，"顶真"再嵌套"夸张"的表达方式。从层次的角度说，"排比"为第一层次，"顶真"为第二层次，"夸张"为第三层次。三个层次嵌套，使得表意更为丰富和有序，也更加强化了语句的修辞效果，有利于更为准确地表达作者的主观思想和情感。

总之，辞格的套用多种多样，不同辞格可以相互套用，同类辞格也可以相互套用。辞格的套用必然会产生意想不到的修辞效果，一般表现为：大套小、分层组合，使语句的表达不仅增加了层次感，而且还具有顺序感，层层套合，寓意丰富，展现出独特的表现力，也能收到更好的修辞效果。

辞格的综合使用需要注意以下问题：

其一，整体把握，弄清各种辞格在全局中的地位和作用，总体布局、合理分配。

其二，根据语境的需要，按照各得其所、扬长避短的原则，精心安排每种辞格的位置。

其三，辞格的综合运用，要主次分明，虽需要相辅相成，但一定要重点突出，不能喧宾夺主。

# 后 记

众所周知，语言是人类最重要的交际工具。因此，如何更好地运用这一工具去适应社会交际的需要，就成为人们关注的焦点。其实，修辞就是一种以追求最佳表达效果为目标的语言行为（活动）。一句话百样说，在众多的同义表达中总会有一种最适切情景的表达，那么，修辞就是在努力寻找这种最佳的表达，即最适合情景的表达。因此，学习修辞无疑对于提高我们的语言表达有着重要的现实意义。在修辞的学习过程中，各种修辞格（辞格），由于它们有固定的格式，很容易成为学习者的重要抓手。只要我们能熟练地运用这些辞格，久而久之，修辞的能力自然就会获得提高，当然语言的所谓表达技巧，甚至语言的表达效果自然也会获得提高。因此修辞格（辞格）历来是修辞教学和研究的重点。鉴于以上原因，本书以几十种常见辞格作为讨论的对象，希望通过这些辞格的探讨，能为广大修辞爱好者、学习者和研究者全面了解汉语修辞的基本面貌提供些许帮助。

本书是我在攻读博士学位期间完成的，得到导师的悉心指导，得到相关领导的关心和指点，得到学界同行们的鼓励和支持，在此谨向他们表示最真挚的谢意。另外，由于本人才疏学浅，书中肯定有不少不当或疏漏之处，恳请专家与同行不吝赐教。

王富超

2022 年 6 月 20 日

# 参考文献

[1] 陈汝东 . 当代汉语修辞学 [M]. 北京：北京大学出版社 ,2004.

[2] 陈望道 . 修辞学发凡 [M]. 上海：复旦大学出版社 ,2016.

[3] 黄伯荣，廖序东 . 现代汉语（增订六版）[M]. 北京：高等教育出版社 ,2017.

[4] 李维琦 . 修辞学 [M]. 长沙：湖南师范大学出版社 ,2012.

[5] 吕叔湘，朱德熙 . 语法修辞讲话 [M]. 北京：商务印书馆 ,2013.

[6] 索振羽 . 语用学教程 [M]. 北京：北京大学出版社 ,2000.

[7] 王希杰 . 修辞学导论 [M]. 长沙：湖南师范大学出版社 ,2011.

[8] 王希杰 . 汉语修辞学 [M]. 北京：商务印书馆 ,2014.

[9] 吴礼权 . 现代汉语修辞学 [M]. 上海：复旦大学出版社 ,2006.

[10] 张弓 . 现代汉语修辞学 [M]. 石家庄：河北教育出版社 ,2014.